Mira Mondstein · Deva Wallow

ALLE ANTENNEN AUF EMPFANG

Der praktische RATGEBER für Eltern von HOCHSENSIBLEN KINDERN

humboldt

INHALT

INFO ZU UNSERER WEBSEITE

Um die Möglichkeit zu haben, neue Informationen zum Thema hochsensible Kinder an unsere Leser zu vermitteln, haben wir eine Webseite eingerichtet:

http://hochsensibleskind.org

Dort habt ihr auch die Möglichkeit, uns zu kontaktieren.

Zudem findet ihr eine Liste mit den Webseiten und Blogs, die wir empfehlen. Da wir die Seiten ständig aktualisieren, wird euch keine wichtige Neuigkeit entgehen.

Was ist Hochsensibilität?

Hochsensibilität ist ein Phänomen, das die Gesellschaft vor viele Fragen stellt. Fast wirkt sie wie eine Modekrankheit. Sie wird belächelt, gefeiert, beschimpft, nicht ernst genommen, und oft wird versucht, sie totzureden. Nur wenige Ärzte und Wissenschaftler setzen sich derzeit ernsthaft mit dem Phänomen Hochsensibilität auseinander.

In den letzten Jahren konnte man jedoch beobachten, dass die Hochsensibilität immer weniger suspekt wahrgenommen wird, was nicht zuletzt an den vielen wissenschaftlich fundierten Studien über das Phänomen liegt. Für Eltern hochsensibler Kinder ist das Durcheinander nicht gerade hilfreich. Schnell landet man bei der Suche im Internet in esoterischen Foren oder auf Seiten, die behaupten, Hochsensibilität existiere gar nicht und sei nur eine netter klingende Diagnose für verhaltensauffällige Kinder. Es erfordert daher viel Geduld, wirklich hilfreiche Informationen zu finden und vor allem ein starkes Selbstbewusstsein, denn nicht selten werden die Eltern als eine mögliche „Ursache für Hochsensibilität" dargestellt.

Um euch die Hochsensibilität verständlich zu erklären und bewährte Tipps für den Alltag zu geben, schreiben wir dieses Buch. Wir möchten euch als Eltern stärken und euch die Angst davor nehmen, dass mit eurem Kind „etwas nicht stimmt". Mit diesem Buch werdet ihr lernen, euer Kind zu verstehen und merken, dass ihr nicht alleine mit euren Fragen seid.

Wir schlüsseln typische Alltagssituationen auf und geben euch Einblicke, was im Kopf eures Kindes passiert. Und zum Schluss bekommt ihr Handwerkszeug an die Hand, mit dem ihr das Leben eures Kindes sowie euer eigenes wesentlich entstressen könnt.

UNSER TIPP: HOCHSENSIBILITÄT IST EINE CHANCE

Lernt, die Hochsensibilität als Chance für eure Familie zu sehen. Familien mit hochsensiblen Kindern sind „aufgefordert", viel Verständnis füreinander sowie für die „eigene" Andersartigkeit zu entwickeln.

Um nachvollziehen zu können, wie sich das Kind in vielen Situationen fühlt, versetzt euch einmal in folgende Lage:

Du stehst in deiner Stadt mitten auf dem Marktplatz. Um dich herum findet ein Wochenmarkt statt. Die Marktschreier bewerben lautstark ihre Produkte. Das könnten sie sich eigentlich sparen, da die Lebensmittel so intensiv duften, dass du das Gefühl hast, du würdest deine Nase abwechselnd in die verschiedensten Körbe tauchen.

Die Sorge einiger Standbesitzer, nicht genügend Geld einzunehmen, überträgt sich auf deine Gefühlswelt. Während dein Geruchssinn noch am Erdbeerstand hängenbleibt, rempelt dich versehentlich eine Frau mit ihrem Rollator an. Zu den Rufen der Marktschreier kommen nun auch noch die weinerlichen Entschuldigungen der alten Frau. Du spürst, dass sie sich an diesem Ort völlig überfordert fühlt, die Enge macht auch ihr zu schaffen. Ihre Angst, noch mehr Menschen über die Füße zu fahren, krabbelt langsam deinen Hals hinauf. Übrigens nimmt der blaue Fleck an deinem Oberschenkel, der vom Rollator stammt, einen gewaltigen Teil deiner Wahrnehmung ein. Du spürst, wie das Blut sich sammelt, es kribbelt und schmerzt an der Stelle.

So langsam spürst du, wie dir alle Eindrücke zu viel werden. Du beschließt, ohne deine Einkäufe erledigt zu haben, in deine Wohnung zu flüchten, um dem Lärm, den Gerüchen und den Emotionen der anderen Menschen zu entkommen.

Das Internet, eine Recherchequelle mit Schwachpunkten

Viele Eltern, die erstmals mit der Hochsensibilität ihres Kindes konfrontiert sind, beginnen ihre Suche zunächst im Internet. Dort wird man schnell fündig und trifft auf Foren, Facebook-Gruppen und Blogs. Es gibt darunter sehr empfehlenswerte Blogs, auf die wir im Anhang hinweisen. Das Schöne an Blogs ist, dass man dort Erfahrungsberichte anderer Eltern mit hochsensiblen Kindern findet. Diese vermitteln zum einen das angenehme Gefühl, nicht alleine zu sein mit den Problemen und Andersartigkeiten eines hochsensiblen Kindes, zum anderen bekommt man gerade durch Eltern, die ihre Erfahrungen teilen, wundervolle, praxiserprobte Tipps für den Alltag.

Was Foren und Facebook-Gruppen angeht, möchten wir euch jedoch gerne folgenden Ratschlag an die Hand geben, um eigene Verunsicherungen zu vermeiden:

Esoterikforen können einem helfen, indem sie plausibel klingende Erklärungen dafür geben, warum euer Kind hochsensibel ist. Oftmals trifft man dort auf Begriffe wie „Kristallkinder“.

Wir behaupten nicht, dass dies alles Quatsch ist. Aber wirklich helfen wird es euch im Umgang mit der Hochsensibilität eures Kindes nicht. Manche Aussagen und Erklärungen in den Foren können gegebenenfalls sogar schädlich sein – wir werden später noch etwas genauer darauf eingehen.

Facebook-Gruppen haben den Nachteil, dass sie selten von Experten moderiert werden. So manch eine Mutter wurde in solchen Gruppen regelrecht von anderen Müttern emotional zerpflückt, die eine Erziehungsmethode für nicht tragbar oder für eine Zumutung halten. Einerseits sind Tipps anderer Eltern hochsensibler Kinder oft sehr hilfreich, andererseits muss man sich selbst davor schützen, Beleidigungen zu nahe an sich heranzulassen.

Forschungsgebiet Hochsensibilität

Bis vor Kurzem war das Thema Hochsensibilität ein viel diskutiertes, aber wenig erforschtes Gebiet der Psychologie. Es gab sehr viele Menschen, die der Hochsensibilität die Existenz absprachen. Hinzu kam, dass die Hochsensibilität durch ihre Symptome oft mit Eigenschaften wie zum Beispiel der Hysterie gleichgestellt wurde. Es gab viele Diskussionen um die Fragen, was Hochsensibilität überhaupt ist und wie sie entsteht.

Inzwischen können wir auf viele Forschungsarbeiten zugreifen, die sowohl tatsächlich die physischen Merkmale der Hochsensibilität aufzeigen als auch die Streitereien um die Existenz minimieren.

Wir möchten euch jetzt nicht zu viel Theorie auftischen, deswegen haben wir hier erst einmal die wichtigsten Fakten zusammengestellt, kurz und knapp.

FAKTEN ÜBER HOCHSENSIBILITÄT

1. Hochsensibilität ist weder eine Krankheit noch eine „Ausrede“ für seltsames Verhalten.
2. Sie kann inzwischen wissenschaftlich erklärt werden.
3. Sie ist nicht der Esoterik zuzuordnen.
4. Die Hochsensibilität ist ein Persönlichkeitsmerkmal, das nicht erst in der Kindheit entsteht, sondern angeboren wird.
5. Offensichtlich haben Hochsensible einen sehr stark ausgeprägten Gerechtigkeitssinn, einen guten Blick für Details und eine überdurchschnittliche analytische Fähigkeit.
6. Hochsensibilität ist nicht mit Hysterie oder ADHS/ADS zu verwechseln.

Wozu hat die Natur Hochsensibilität „erfunden“?

Viele Eltern sowie hochsensible Menschen selbst fragen sich, wozu es überhaupt Hochsensibilität gibt. Dazu wird viel geforscht, und es gibt Vermutungen, die sich sehr plausibel anhören. Diese gehen davon aus, dass die Menschen ganz am Anfang der Evolution in Stämmen zusammenlebten. Um das Überleben der Mitglieder in solchen Gruppen zu sichern, haben die Menschen verschiedene Talente entwickelt, wie zum Beispiel besonders schnelle Beine, starke Arme, gute Augen zum Jagen und ein gutes Gehör, um nahende Gefahren frühzeitig wahrzunehmen.

Die Hochsensibilität diente der Sicherheit der Menschen. Hochsensible Menschen können beispielsweise erspüren, wenn Tiere in der

Umgebung vor heftigen Wetterveränderungen oder Naturkatastrophen in Panik geraten.

HOCHSENSIBLE MENSCHEN SPÜREN MEHR

Kurz vor dem Tsunami 2004 in Thailand spürten einige Menschen die heftigen Fluchtinstinkte der Tiere und sprachen diese auch an. Leider wurden sie nicht direkt ernst genommen, da in der heutigen Zeit Intuition oft als „esoterischer Quatsch", Spinnerei oder als Zufall abgetan wird.

Was ist im Kopf eines hochsensiblen Menschen anders?

Wir haben eine wunderschöne, einleuchtende Erklärung gefunden, die es wirklich leicht verständlich macht, warum manche Menschen so unfassbar viele Reize ungefiltert aufnehmen. Es handelt sich dabei darum, dass eine sehr niedrige sensorische Wahrnehmungsschwelle vorliegt. Man kann sich das so vorstellen:

Wenn zwei Synapsen miteinander Reize austauschen, so muss ein Reiz eine wesentlich niedrigere Energie besitzen, um überzuspringen. Es reicht also schon eine kleine Stimulation, um Informationen an das Gehirn als „wichtigen Impuls" weiterzuleiten, der nach Dringlichkeit beurteilt und eingeordnet werden muss. Das alles passiert gleichzeitig mit vielen verschiedenen anderen Reizen. Der Arbeitsspeicher im Kopf wird also extrem gefordert, er muss viel mehr Informationen verarbeiten, als er eigentlich kann. Und wenn der Arbeitsspeicher überlastet ist – das wissen wir alle aus langjähriger Erfahrung am Computer –, dann geht einfach nichts mehr.

Nun ist so ein menschliches Gehirn natürlich viel komplexer als ein Computer. Zudem hat jeder Mensch aber nur einen begrenzten Arbeitsspeicher. Wenn der überlastet wird, kommt es zu „Kurzschlusshandlungen“ wie Programmabstürzen oder schlichtweg zu einem „Herunterfahren“ des Systems.

Das erkennt man bei Kindern meist daran, dass sie plötzlich leicht apathisch wirken und mit starrem Blick regungslos stehen oder sitzen bleiben. Manche Erwachsene können mit diesem Verhalten absolut nicht umgehen und machen sich Sorgen um den Zustand des Kindes. Wir können euch beruhigen: Dies ist ein Verhalten, das für hochsensible Menschen sehr typisch ist.

Untersuchungen mit der Magnetresonanztherapie ergaben: Die Hirnareale, die für *Aufmerksamkeit, Empathie und Selbstreflexion* zuständig sind, weisen bei Hochsensiblen eine deutlich höhere Aktivität auf als bei Menschen, die nicht als hochsensibel gelten. Man kann dies auch wieder mit dem Arbeitsspeicher in Computern vergleichen. Aufgrund der gründlicheren Informationsverarbeitung erleben Hochsensible häufig Entscheidungsschwierigkeiten und brauchen länger, um Aufgaben zu lösen.

Ebenfalls zeigen die bisherigen Forschungen, dass sich die Zahl der extrovertierten sowie der introvertierten Hochsensiblen die Waage hält. Somit kann man nicht behaupten, alle Hochsensiblen wären sehr in sich gekehrt. Was man jedoch bei fast allen Hochsensiblen beobachtet, ist, dass sie sich häufiger als andere mental zurückziehen. Das dient ihnen dazu, sich den übermäßigen Reizen in der Umgebung zu entziehen beziehungsweise die aufgenommenen Informationen zu verarbeiten.

Arten von Hochsensibilität

Es gibt ganz unterschiedliche Ausprägungen von Hochsensibilität. Manche Kinder sind in einer Richtung extrem sensibel, manche in allen Richtungen ein bisschen.

DIESE ARTEN VON HOCHSENSIBILITÄT WERDEN UNTERSCHIEDEN

- Sensitive Hochsensibilität
- Kognitive Hochsensibilität
- Olfaktorische Hochsensibilität
- Auditive Hochsensibilität
- Emotionale Hochsensibilität

Die **sensitive Hochsensibilität** macht sich vor allem über die Haut bemerkbar. Kinder, die sensitiv hochsensibel sind, mögen viele Arten von Kleidung nicht, meiden Schmutz und Flüssigkeiten am Körper und mögen manchmal partout keine Creme auf ihrer Haut. Wir haben oft von Kindern gehört, die den Sand im Sandkasten absolut eklig finden oder auch keine Wachsmalstifte anfassen wollen.

Die **kognitive Hochsensibilität** ist durch ein enormes Auffassungsvermögen sowie einen sehr ausgeprägten Sinn für Logik gekennzeichnet. Die Kinder mit dieser Hochsensibilität erkennen blitzschnell Zusammenhänge. Man sagt ihnen nach, dass sie auch gut im Erkennen von Wahrheit und Unwahrheit sind und Situationen aus verschiedenen Blickwinkeln betrachten können.

Die **olfaktorische Hochsensibilität** macht sich über den Riechnerv und den Geschmackssinn bemerkbar. Kinder mit dieser Hochsensibilität sind extrem wählerisch, was das Essen betrifft. Zudem sind sie extrem empfindlich gegenüber Gerüchen. Gerüche und Geschmackserlebnisse können sie sogar kognitiv außer Gefecht setzen.

Die **auditive Hochsensibilität** betrifft den Hörnerv. Kinder mit dieser Form der Hochsensibilität können kleinste Nuancen von Tönen unterscheiden und lassen sich von Musik und Umgebungslärm total vereinnahmen. Oft können sie Lieder auf einem Instrument nachspielen, wenn sie diese nur ein paar Mal gehört haben und erinnern sich an Melodien, die sie vor sehr langer Zeit nur ein Mal aufgeschnappt haben.

Die **emotional hochsensiblen** Kinder spüren jegliche Emotionen um sich herum. Dabei ist es übrigens egal, ob von Mensch oder Tier. Sogar Musik kann sie gefühlsmäßig völlig aus der Bahn werfen.

Wenn sie einen Raum betreten, wissen sie sofort, wie die Stimmung ist. Sie spüren die inneren Regungen anderer Menschen sogar dann, wenn sie diesen nicht ins Gesicht schauen. Das kann ganz klar als Vorteil gewertet werden, macht aber den meisten Kindern extrem zu schaffen, da sie sich nicht von den Emotionen der anderen Menschen abgrenzen können und deren Gefühlen „ausgeliefert" sind.

Introvertierte und extrovertierte Kinder

Wenn wir auf den verschiedenen Webseiten und in Ratgebern über hochsensible Kinder stöbern, fällt uns auf, dass viele Eltern sehr überrascht sind, dass auch ihre extrovertierten Kinder zu den hochsensiblen Kindern gehören könnten. Die meisten Menschen glauben, dass hochsensible Kinder in sich zurückgezogen sind und einfach schneller weinen als andere Kinder. Man muss jedoch zwei Typen von hochsensiblen Kindern unterscheiden: intro- und extrovertierte.

Introvertierte hochsensible Kinder

Introvertierte hochsensible Kinder sind der Typ Kind, der viel mit sich selbst ausmacht, in sich gekehrt wirkt und dazu neigt, alles in sich hineinzufressen. Da diese Kinder so still sind, fallen sie in der Masse von Kindern selten auf. Sie stehen ungerne im Mittelpunkt und möchten nicht rund um die Uhr aktiv beschäftigt werden. Manche sind richtige Eigenbrötler. Oft bemühen sich Lehrer/Erzieher vergebens darum, diese Kinder zu mehr Aktivität zu animieren.

Regeln sind unumstößlich – Eine Erzieherin erzählt

„Seit einem Monat ist ein neues Kind bei uns in der Gruppe. Der Junge ist normalerweise sehr zurückhaltend und redet kaum. Doch es gibt Situationen, da wird er geradezu aufbrausend, sogar richtig laut, nämlich dann, wenn ein anderes Kind eine der im Kindergarten geltenden Regeln bricht. Auch vor uns Erzieherinnen macht er keine Ausnahme, wir müssen uns ständig belehren lassen, wenn wir beispielsweise in der Bastelstunde in einem vermeintlich unbeobachteten Moment mal schnell einen Schluck Kaffee trinken."

Die kleinen „Schulhofpolizisten": Viele introvertierte hochsensible Kinder sind penible Verfechter von Strukturen und Regeln. Dieses Verhalten führt nicht selten zu Hänseleien und Verwirrung zwischen dem hochsensiblen Kind und seinem Umfeld.

! WOZU REGELN DIENEN

Regeln geben hochsensiblen Kindern Halt in unserer sich schnell verändernden, turbulenten und oft chaotischen Umwelt.

Regeln geben allen Kindern Halt, egal ob hochsensibel oder nicht, aber insbesondere hochsensible Kinder reagieren sehr schnell, wenn jemand diese Sicherheit zerschlägt.

Kennt ihr auch Situationen, in denen das Kind euch mit scheinbar sinnlosen, eher nervenden Fragen überhäuft? Diese können so lauten:

„Kommt der Ketchup immer auf die linke Seite vom Teller?"
oder:
„Muss man erst die Gummistiefel ausziehen oder erst die Jacke?"

Diese Fragen sind ein Zeichen dafür, dass euer Kind sich gerade darum sorgt, etwas falsch zu machen. Es will nicht selber aus Versehen gegen Regeln verstoßen, wo diese doch so wichtig für das Kind selbst sind. Diese Kinder sind mitnichten Besserwisser! Sie haben lediglich wahrhaft Angst davor, dass Chaos ausbricht und sie die Übersicht verlieren.

INTROVERTIERTE HOCHSENSIBLE KINDER

Introvertierte hochsensible Kinder sind oft ängstlicher, unsicherer und gleichzeitig ruhiger als andere Kinder. Schnell ziehen sie sich in ihr inneres Schneckenhaus zurück.

Von außen sollten sie nicht gezwungen werden, sich mehr zu äußern oder aktiver am Geschehen teilzunehmen. Was ihnen guttut, ist die Stärkung ihres Selbstbewusstseins. Sie müssen mehr bestärkt werden und möchten gerne an die Hand genommen werden, wenn sie etwas Neues tun sollen.

Anstatt laut und energetisch auszuflippen, fressen diese Kinder ihre Sorgen und Gedanken in sich hinein. Sie verarbeiten eine Reizüberflutung nicht, indem sie Energie abgeben. Durch dieses Anstauen von negativer Energie im Körper zeigen hochsensible introvertierte Kinder öfter passive Ausbrüche, die sich anders zeigen, zum Beispiel durch Allergien, Hautirritationen, Nahrungsmittelunverträglichkeiten oder Bauchschmerzen.

Extrovertierte hochsensible Kinder

Die extrovertierten hochsensiblen Kinder laufen gut und gerne Gefahr, als ADS-Kinder abgestempelt zu werden (Kapitel „Hochsensibilität und ADS/ADHS“). Sie sind meist nicht zu übersehen und oft laut. Sie stehen gerne im Mittelpunkt und sind sehr mitteilungsbedürftig. Auffällig ist zudem, dass ihre Stimmungen sehr schwanken. Sind sie in der einen Sekunde gerade entspannt und gut gelaunt, so können sie eine Sekunde später geradezu vor Wut explodieren. Oft passiert dies auch sehr unvorhergesehen.

Viele Eltern erzählen uns von Gefühlsausbrüchen, die ihren Kindern viel Energie rauben. Man sagt ihnen nach, dass sie extrem gut schauspielern können und sehr gerne die Aufmerksamkeit auf sich ziehen. Das ist ihre Art, die Reize, die sie aufsaugen, zu verarbeiten. Sie sind sehr aktiv und spiegeln ihren Mitmenschen, was diese gerade bewegt.

! EXTROVERTIERTE HOCHSENSIBLE KINDER

Extrovertierte hochsensible Kinder sind oft sehr mitteilungsbedürftig. Sie lassen die Emotionen aus sich heraussprudeln und verarbeiten Erlebnisse aktiv durch Äußerungen und körperliche Tätigkeiten. Sie wirken dadurch oft unberechenbar und impulsiv.

Das Phänomen „Klassenclown“

„Klassenclowns“ überspielen ständig ihr Inneres. Meist sind es eben gerade feinfühlige Kinder, die sich nicht erlauben, ihre Gefühle ehrlich nach außen zu zeigen, um sich vor möglichen Verletzungen zu schützen. Hier beißt sich die Katze in den Schwanz, denn gerade das Überspielen wirkt so albern, dass gerade das wieder den Klassenkameraden den besten Aufhänger dafür bietet, das Kind zu hänseln.

Es hat sich bewährt, einmal bei sich selber zu überprüfen: Kann es sein, dass wir Eltern – die wichtigsten Vorbilder unserer Kinder – selbst zu Hause ungern unsere Gefühle zeigen?

Eine weitere Strategie, um dem Kind die Last des Klassenclowns zu nehmen, ist, mit ihm zu üben, die eigenen Emotionen richtig zuzuordnen. Wir haben gemerkt, dass viele hochsensible Kinder zwar immer erklären können, wie sich ein Gefühl anfühlt, aber die Zuordnung, um welches Gefühl es sich handelt, fällt vielen von ihnen schwer.

Die Bedeutung von hochsensiblen Kindern für die Familie

Lernt, die Hochsensibilität als Chance für eure Familie zu sehen. Denn Familien mit hochsensiblen Kindern sind „aufgefordert", viel Verständnis füreinander sowie für die „eigene Andersartigkeit" zu entwickeln.

In den ersten Lebensjahren ist es vermutlich sehr schwer, die Andersartigkeit seines hochsensiblen Kindes zu erkennen, wenn man nicht schon vorab mit dem Thema in Kontakt kam.

Zu Beginn wird man als Mutter oder Vater wahrscheinlich immer wieder hilflos den unerwarteten und erschreckenden Reaktionen seines Kindes gegenüberstehen. Insbesondere, wenn man dieses Verhalten von den Geschwisterkindern her nicht kennt.

HOCHSENSIBLE KINDER SIND UNSERE LEHRER

Unserer Auffassung nach hat alles, was uns in unserem Leben begegnet und berührt, etwas mit uns zu tun. Und somit haben natürlich auch hochsensible Kinder, wie alle Kinder, etwas mit uns zu tun.

Unsere Kinder sind unsere Lehrer. Sie sind zu 100 Prozent Mama und Papa. Und sie zeigen uns häufig Teile von uns (oder unserem Partner), die wir fest verschlossen glaubten und schon fast vergessen hatten.

Hochsensible Kinder könnte man im Vergleich zu anderen Kindern als besonders nachdrückliche, „den Finger in die Wunde legende" Lehrer bezeichnen.

Dies bedeutet nicht, dass Eltern von hochsensiblen Kindern dies besonders nötig hätten oder es besonders stark wollen.

Der „alleingeborene Zwilling" und Hochsensibilität

Eine weitere Theorie möchten wir euch nicht vorenthalten: Den Gedanken des „alleingeborenen Zwillings". Da das Thema des

„alleingeborenen bzw. verlorenen Zwillings“ noch nicht so lange erforscht wird, gibt es auch noch nicht sehr viel Literatur und aussagekräftige Forschungsergebnisse dazu.

In meiner Praxis habe ich vor allem mit alleingeborenen Zwillingen zu tun, die fast ausschließlich auf die eine oder andere Art hochsensibel sind. Daher ist mir der mögliche Zusammenhang schon früh aufgefallen.

Doch zu Beginn möchte ich beschreiben, was es mit dem Trauma des alleingeborenen bzw. verlorenen Zwillings auf sich hat.

Als alleingeborenen Zwilling bezeichnet man ein Baby, das im Mutterleib nicht allein war, sondern eine Schwester/einen Bruder oder auch mehrere Geschwister hatte, die meistens in den ersten Schwangerschaftswochen gingen.

Häufig weiß und erfährt die Mutter nichts davon, da der tote Fötus in der Regel noch im Stadium eines mehr oder weniger großen Zellhaufens über eine Zwischenblutung ausgeschwemmt wird oder mit der Plazenta verwächst.

Früher sagte man den betroffenen Müttern nichts davon, wenn dies im Ultraschall sichtbar wurde oder sich der tote Fötus mit dem Mutterkuchen verwuchs. Man wollte sie vor dem Schmerz schützen. Mittlerweile hat sich das Bewusstsein weiterentwickelt. Selbst wenn es für die betroffene Mutter vielleicht nicht so bedeutend ist, ist es für den alleingeborenen Zwilling wichtig zu wissen.

In manchen Fällen bestehen z. B. Alleingeborene später darauf, dass immer ein Gedeck für das tote Geschwisterchen auf dem Essenstisch steht. Einer der bekanntesten alleingeborenen Zwillinge ist übrigens Elvis Presley, der für seinen bei der Geburt gestorbenen Zwilling eine Hälfte seines „Schlosses" Graceland genauso einrichten ließ wie seine eigene Hälfte.

Durch die Erfahrung der großen Nähe bzw. bedingungslosen Liebe mit ihrem Zwilling im Mutterleib und deren späteren Verlust entwickeln diese Kinder häufig eine sehr stark ausgeprägte Wahrnehmung der Gefühle ihnen nahestehender Menschen sowie eine sehr große Empathie und einen stark ausgeprägten Gerechtigkeitssinn.

Aus großen Schuldgefühlen heraus entsteht ein Zwang, „ja nichts mehr falsch zu machen bzw. besser aufzupassen", damit sich so etwas wie der Verlust eines geliebten Menschen nie mehr wiederholt. Dieser Wunsch ist möglicherweise für die extreme Aufnahme von Reizen und Informationen verantwortlich.

Überzeugungen wie „Ich bin nicht liebenswert oder nicht okay" (da ich für den Tod meines Zwillings verantwortlich bin) werden nicht hinterfragt. Sie sind eine Art feststehendes Wissen über die „Welt". So wie die meisten der ersten Erfahrungen zu Überzeugungen werden. In der Regel wirken diese unbewusst.

Auch wenn sie dann durch den liebevollen Umgang ihrer Eltern neue Erfahrungen machen, die ihnen den Gedanken nahelegen, dass sie liebenswert sind, werden diese bei jeder abweichenden Erfahrung, die fast immer auf Missverständnissen beruht, wieder zurückgewiesen. Zum Beispiel wenn Mutter oder Vater mal nicht direkt kommen können, wenn sie schreien.

Wir vermuten, dass die Erfahrung des Verlustes eines Zwillings eine von vielen möglichen „Ursachen“ für Hochsensibilität ist. Neben der Ursache traumatischer Erfahrungen gibt es aber auch die Überzeugung, dass Hochsensibilität vererbbar ist.

Mehr zum Thema des verlorenen Zwillings findet ihr auf unserer Webseite http://hochsensibleskind.org.

Hochsensibilität und Hochbegabung

Hochsensibel, hochbegabt, die zwei Worte sind sich sehr ähnlich. In der Tat findet man unter den hochbegabten Kindern sehr viele Hochsensible. Welche Herausforderungen bringt diese Mischung der Eigenschaften mit sich?

Wenn man sich die Vorgänge im Kopf von hochsensiblen Menschen anschaut, so findet man dort ein extrem schnell arbeitendes Gehirn, welches geübt darin ist, Wahrgenommenes effektiv zu verarbeiten. Die Verknüpfungen zwischen bisher aufgebauten Erfahrungen und dem aktuell Erfassten werden sehr schnell abgerufen und umgesetzt.

Genau das ist der Weg vom sogenannten „Querdenken“, welches das Nutzen von Erfahrungen für Problemlösungen erfordert. Die meisten Menschen trainieren diese Fähigkeiten durch logisches und analytisches Denken. Hochsensible Menschen haben diese Fähigkeiten bereits durch ihre tägliche Reizverarbeitung trainiert.

Die Folge: Die bereits vorhandenen Kanäle im Kopf von Hochsensiblen erlauben eine tiefgründige Auseinandersetzung mit Problemstellungen, was oft als analytische Hochbegabung bezeichnet wird.

Auch im musischen Bereich finden wir viele Hochsensible, die gleichzeitig hochbegabt sind. Das überrascht nicht, wenn man die Fähigkeiten auditiver Hochsensibler betrachtet. Diese können die kleinsten Nuancen von Tönen unterscheiden und Melodien erfühlen, statt stur vom Blatt zu spielen.

HOCHSENSIBILITÄT ALS „SUPERKRAFT"

Hochsensible nutzen ihre Fähigkeiten auch in anderen Bereichen des Lebens. Dadurch stechen sie in vielen Situationen besonders hervor, da für die anderen Beteiligten der Sachverhalt nicht im selben Tempo nachvollziehbar ist.

Wir sehen generell keinen großen Unterschied zwischen Hochintelligenz und Hochbegabung. Wir möchten aber anmerken, dass viele Intelligenztests genau die Fähigkeiten testen, die hochsensible Menschen bereits durch ihre Hochsensibilität außerordentlich trainieren. Emotionale Intelligenz ist natürlich leichter zu finden, wenn ein Mensch die Gefühle von Mitmenschen sofort „auf der Antenne hat", sobald er ihnen begegnet. Und auch analytische Tests fallen dadurch besser aus, da diese Verknüpfungen im Gehirn besser trainiert sind.

Ein Gespür für Übernatürliches

Viele Eltern landen nach wenigen Klicks im Internet auf Seiten, auf denen Begriffe wie „Kristallkind“, „Indigokind“ oder Ähnliches fallen. Da wir bestätigen können, dass viele hochsensible Kinder über außergewöhnliche Fähigkeiten verfügen, möchten wir euch hier nun bei diesen Themen an die Hand nehmen. Und das ganz ohne Räucherstäbchen und Kristallkugeln.

Mein Kind sieht Wesen, die es nicht gibt

Viele hochsensible Kinder sind sehr empfänglich für Übernatürliches. Und wir Erwachsenen sind schnell irritiert oder sogar erschrocken, wenn Kinder plötzlich beispielsweise Wesen sehen, die nicht wirklich da sind. Oder die es zumindest für uns Erwachsene nicht gibt. Der Frage, ob solche Wesen nun existieren oder nicht, werden wir nicht nachgehen (können).

Wir empfehlen aber, das Kind ernst zu nehmen und einfach „mitzuspielen“. Denn durch das Infragestellen dieser Dinge, die ein Kind sieht, fühlt sich das Kind automatisch selbst infrage gestellt.

Übrigens haben uns viele Eltern erzählt, dass auch Kinderärzte nicht besorgt reagieren, wenn ein Kind etwas wahrnimmt, was wir nicht erkennen. Gerade hochsensible Kinder haben ein riesiges Potenzial an Kreativität und dadurch eine ausgeprägte Fantasie.

Die Bezeichnung Kristallkinder

In vielen Esoterikforen kann man plausibel klingende Erklärungen dafür finden, warum ein Kind hochsensibel ist. Oftmals trifft man dort auf Begriffe wie „Kristallkinder“.

Wie schon weiter vorne beschrieben: Wir behaupten nicht, dass diese Informationen nicht interessant sein können. Aber wirklich helfen wird es euch im Umgang mit der Hochsensibilität eures Kindes nicht. Diese Aussagen können gegebenenfalls sogar schädlich sein, wenn ihr etwa glaubt, dass euer Kind eine „besondere“ Aufgabe in der Welt zu erfüllen hat.

Warum halten wir das für schädlich? Dieser Gedanke kann dazu führen, dass ihr euer Kind unbeabsichtigt auf einen „Thron setzt“, was für das Kind auch bedeutet, eine diffuse Verantwortung übertragen zu bekommen, der es nicht gewachsen ist.

Da hochsensible Kinder meistens sehr empathisch sind und ein großes und offenes Herz haben, extrem gut darin sind, sich zurückzunehmen und zu fühlen, was die Menschen in ihrer Umgebung fühlen, werden sie schnell mit einem engelhaften Wesen gleichgesetzt. Vielleicht auch deshalb, weil dieses Verhalten in unserer immer mehr von Konkurrenz, Egoismus und Rücksichtslosigkeit geprägten Zeit sehr außergewöhnlich erscheint.

K(L)EINE ENGEL IN DER GESELLSCHAFT

Hochsensible Menschen sind keine Engel, doch sie sind durch ihr starkes Fühlen sehr empathisch und besitzen dadurch auch ein sehr ausgeprägtes Gerechtigkeitsgefühl.

Sie stehen häufig für andere ein. Ob ihre Hochsensibilität eine Gabe ist oder einfach eine unbewusste „Wahl", mit Traumata umzugehen, möchten wir hier nicht diskutieren.

Typische körperliche Auffälligkeiten

Inzwischen gibt es dankenswerterweise einige Blogs, die vom Leben mit hochsensiblen Kindern berichten. Wir erstellen dazu eine Linksammlung für euch auf unserer Homepage, die wir immer wieder ergänzen. In diesen Blogs sowie in den Berichten der Eltern, die wir befragten, werden immer wieder körperliche Probleme thematisiert. Dabei tauchen ganz bestimmte Symptome besonders häufig auf.

Verspannungen

Hochsensible Kinder sind den ganzen Tag Reizen ausgesetzt, die sie nicht schnell genug verarbeiten können, was zu einem „mentalen Stau“ führt. Es sammelt sich die Energie der nicht aufgelösten Reize in den Nervenbahnen und belastet das Kind weiter. Verspannungen treten oft bei hochsensiblen Kindern auf, die in einer sehr lauten Schulklasse oder Kindergartengruppe sind. Oder beispielsweise, wenn an einem Tag sehr viele emotionale Reize auf das Kind einprasseln. Verspannungen machen sich meist durch Nackenschmerzen bemerkbar. Auch eine geduckte Haltung findet man bei vielen hochsensiblen Kindern. Diese ist in den meisten Fällen eine Folge von einer stark zusammengezogenen Haltungsmuskulatur.

Auch Kopfschmerzen sollten in diesem Zusammenhang erwähnt werden, da diese häufig eine Verspannung im Rücken oder im Nacken als Ursache haben.

Unruhe

Die immense Aufnahme von Informationen führt zu einem großen Datenverkehr im Gehirn. Diese Daten wollen alle nach und nach verarbeitet werden, was sich jedoch als schwierig erweist, weil ja bereits in dem Moment, in dem eigentlich die Datenverarbeitung beginnen sollte, wieder neue Daten im Kopf des Kindes ankommen. Diese vielen unverarbeiteten Daten kreisen im Kopf umher und sorgen so für extreme Aktivität im Hirn. Diese wiederum spiegelt sich in der körperlichen Unruhe.

Nach der Geburtstagsparty – Aus dem Familienalltag

Lea hat den Samstag auf einer sehr durchgeplanten Geburtstagsfeier ihrer besten Freundin verbracht. Es waren viele Kinder anwesend. Auch einige andere Eltern waren den Tag über bei den Kindern geblieben und waren durchgehend am Diskutieren über die letzten Geschehnisse im Kindergarten.

Abends im Bett kann Lea einfach nicht abschalten. Sie ist unruhig, zappelig und springt noch vier Mal wieder aus dem Bett, weil sie uns noch etwas Wichtiges erzählen muss.

Als Lea endlich schläft, geht das Wälzen weiter. Sie strampelt sich die Decke weg, redet im Schlaf, knirscht mit den Zähnen. Am nächsten Tag ist sie schlecht gelaunt, zieht sich viel in sich zurück und schläft den halben Nachmittag.

Eltern von Lea, 5 Jahre alt

Sensible Haut

Die sensible Haut der Kinder ist nicht nur anfällig für Reizungen. Die Haut ist genau wie zum Beispiel die Augen und die Ohren ein Sinnesorgan, das ständig Informationen aufnimmt. Bei hochsensiblen Kindern ist die Haut dadurch oft sehr temperaturempfindlich sowie wesentlich schneller im sogenannten „Alarmmodus“, wenn sie mit Stoffen, Cremes oder anderem in Berührung kommt.

Das Etikett – Aus dem Familienalltag

Jonas ist vier Jahre alt und hat im Kindergarten bei seinem Freund Tobias gesehen, dass es einen total tollen Dino-Pullover gibt. Den möchte er nun unbedingt auch haben. Da er in wenigen Tagen Geburtstag hat, haben wir den gewünschten Pullover organisiert und lassen Jonas sogar den Pullover an seinem Ehrentag im Kindergarten tragen.

Zunächst beginnt der Tag sehr schön. Jonas wird im Kindergarten gefeiert und ist sehr ausgelassen. Beim Abholen zuckt Jonas allerdings so seltsam: Er reißt alle paar Minuten seine rechte Schulter nach hinten und zieht dabei seinen Kiefer seltsam nach links. Diese skurrile Bewegung wird etwas später von Flüchen und Wutanfällen begleitet.

Zum Kaffee, als die Verwandtschaft am Tisch sitzt, flippt Jonas so aus, dass er seinen Kakao durch seine seltsamen Bewegungen umschüttet. Anschließend sitzt er heulend unter dem Tisch. Er sagt, dass ihn andauernd etwas im Nacken kneifen würde. Als ich unter den Pullover sehe, ist seine Haut ganz rot und wund. Offensichtlich hat das Etikett für das Unbehagen des Tages gesorgt.

Solche Probleme mit Etiketten habe ich bei Jonas schon ein paar Mal erlebt. In Zukunft entferne ich einfach alle Etiketten aus seiner Kleidung.

Mutter von Jonas, 4 Jahre alt

Ernährung

Viele Eltern von hochsensiblen Kindern können ganze Romane über das Essverhalten ihres Kindes schreiben. Eine Mutter erzählte von ihrem Sohn, der nur Marmeladenbrote aß, da er sämtliche andere Nahrungsmittel nicht vertrug. So schlimm ist es zum Glück meistens nicht, aber wenn das Kind bei einigen Nahrungsmitteln von Schmerzen im Mund oder einem Gefühl des „Umhauens“ spricht, sollte man dies unbedingt ernst nehmen.

Oft können die Kinder keine Zitrusfrüchte ertragen, da diese zu viel Säure enthalten. Oder Radieschen werden zum Beispiel als Geschmacksexplosion empfunden.

Auffällige Art der Bewegung

Läuft euer Kind oft in einer seltsam geduckten Haltung? Vor allem in Bereichen, in denen sich sehr viele Menschen befinden? Dann kann es sein, dass es sich vor den vielen Emotionen um sich herum duckt und diesen auszuweichen versucht.

Sollte das der Fall sein, achtet bitte drauf, dass sich diese Haltung nicht manifestiert und zur Standardhaltung wird, denn das würde unweigerlich zu Haltungsschäden führen. Wir führen im Kapitel „Ressourcen für hochsensible Kinder“ Möglichkeiten auf, wie euer Kind sich selbst im Alltag davor schützen kann, von äußeren Reizen überwältigt zu werden.

Das Baby- und Kleinkindalter

Wir haben sehr viele, also wirklich wahnsinnig viele Eltern kennengelernt, die ein hochsensibles Baby haben. Und generell kann man sagen: Ein Baby, das ohne ersichtlichen Grund (Hunger, nasse Windel, Bauchschmerzen) viele Stunden am Tag schreit, scheint einem besonders unangenehmen Reiz ausgeliefert zu sein, den es zu finden gilt.

Hilfe, ich habe ein Schreibaby!

Vielleicht habt ihr zu diesem Buch gegriffen, weil euer Baby sehr viel weint und jemand es euch empfohlen hat. Dann möchten wir euch zunächst einmal unsere Hochachtung mitteilen, denn ein Schreibaby ist eine Herausforderung, die gerne vom Umfeld übersehen wird.

UNSERE TIPPS FÜR SCHREIBABYS

Lasst unbedingt von eurem Kinderarzt abklären, ob vielleicht doch eine organische Erkrankung vorliegt, die man nicht auf den ersten Blick sieht.

Auch ein Besuch bei einem Osteopathen kann das Baby häufig von einer Störung im Körper befreien, die es sehr beschäftigt.

Ihr könnt die nachfolgenden Tipps schon einmal direkt anfangen umzusetzen.

Leider kann euer Baby euch nicht einfach sagen, was es gerade stört. So bleibt es an uns Eltern, dies durch ein Ausschlussverfahren herauszufinden:

MÖGLICHE REIZE, DIE EUER BABY STRESSEN

Sensitive Reize – Fühlen:
- Kratzige Stoffe an Kleidungsstücken
- Socken (gegebenenfalls weglassen)
- Schuhe (braucht ein Baby nicht)
- Hosenbund nervt
- Bund am Ärmel nervt
- Windelmaterial zu hart

Olfaktorische Reize – Der Geruchssinn:
- Duft einer Blume im Zimmer
- Euer Parfum/Deo/Hautcreme
- Der Duft der Babycreme
- Duftkerzen/Duftlampen
- Haarspray
- Rasierwasser
- Babypuder mit Duftstoffen
- Duft von Waschmitteln/Waschpulver/Weichspüler

Visuelle Reize – Der Sehsinn:
- Ist der Fernseher an?
- Lichterketten im Raum oder am Fenster (Reklame vor dem Fenster?)
- Zu grelles Licht im Zimmer/zu helle Lampe
- Blinkendes Spielzeug
- Das LED-Licht vom Handy
- Zu viele Gegenstände in unmittelbarer Nähe des Babys
- Zu viel Spielzeug
- Zu viele Kuscheltiere
- Grelle oder zu viele Farben (zum Beispiel die Bettwäsche im Babybett)
- Zu viel Bewegung im Raum (zum Beispiel Mobiles)

Auditive Reize – Der Hörnerv:
- Radio/Fernseher/Musik
- Viel befahrene Straße vor der Tür
- Wird in der Wohnung/im Haus viel telefoniert?
- Klimpern von Windspielen
- Unangenehme Frequenzen von technischen Geräten (Geschirrspüler beim Waschgang, Kühlschrankkühlung)

Emotionale Reize:
- Streit
- Ängste, Sorgen
- Aufregung (etwa vor Feiern, Prüfungen)
- Heftige Freude
- Zu viele Menschen um das Baby herum (Tuch über dem Verdeck des Kinderwagens kann helfen)
- Fernseher (das Baby kann nicht unterscheiden, warum die menschlichen Stimmen in so vielen Stimmungen schwingen)
- Stress, den die Eltern aus verschiedensten Gründen haben können

Gerade in einem Alter, in dem Kinder noch nicht in der Lage sind, störende Faktoren sprachlich mitzuteilen, kann uns Eltern die Überforderung des Babys durch bestimmte Reize viele Nerven kosten. Babys haben nun einmal nur eine Möglichkeit, Unbehagen mitzuteilen: durch Schreien.

Sicher habt ihr auch schon öfter einmal ein schreiendes Baby im Arm gehalten und euch gefragt, was ihm fehlt oder was es stört. Bei hochsensiblen Babys kommen noch mehr Umgebungsfaktoren hinzu, die überprüft werden sollten. Da diese Babys sehr feinfühlig sind, können kleinste Nuancen von Reizen reichen, um die Stimmung zu kippen. Ein Beispiel dafür haben wir hier:

Horror Badewanne – Aus dem Familienalltag

Als meine Tochter Viktoria geboren wurde, malte ich mir das erste Bad bei uns zu Hause sehr romantisch aus: Die Maus würde tiefenentspannt in meinem Arm durchs angenehm temperierte Wasser gleiten, mich anlächeln und anschließend auf dem Bett mit mir gemütlich kuscheln.

Die Realität sah jedoch so aus: In dem perfekt temperierten Raum mit perfekt temperiertem Wasser und angenehmer Musik fing mein Kind schon in dem Moment an zu schreien, als sein Zeh ins Wasser tauchte. Wir erschraken und dachten, wir hätten das Wasser versehentlich zu heiß vorbereitet. Oder zu kalt oder ... An dem Tag brachen wir das Experiment ratlos ab und erklärten es uns damit, dass es vielleicht zu früh sei.

In den darauffolgenden Wochen probierten wir immer wieder, die Maus zu baden. Wir kauften sogar den berühmten Badeeimer, in dem die Babys immer so herrlich „wie in Mamas Bauch" hocken. Wir probierten verschiedene Temperaturen aus. Wir probierten es mit Musik, ohne Musik, mit Singen, mit Zureden, sogar mit einer Milchflasche. Alles half nichts. An dem Tag, an dem wir die Milchflasche in unser Badeexperiment integrierten, lehnte sich der Papa versehentlich gegen den Lichtschalter im Kinderzimmer. Und in dem Moment, in dem das Licht aus war, passierte es plötzlich: Unser Baby hörte auf, im Wasser zu schreien.

Um es nicht einfach als Zufall abzutun, testeten wir den „Licht-aus-Effekt" beim nächsten Badetermin aus. Und siehe da: Ohne Licht hatte die Maus sogar richtig Spaß am Baden! Für sie waren es also offensichtlich zu viele Reize. Erst durch das Ausschalten eines Reizes konnte sie sich endlich entspannt dem Wasser hingeben.

Mira, Mutter von Viktoria, 4 Monate alt

Man muss sich das Badeerlebnis für ein hochsensibles Kind so vorstellen: In einem ungewöhnlich warmen Raum wird man zunächst nackt ausgezogen. Plötzlich spürt man also Luftwirbel auf der Haut, der Körper fühlt sich ganz anders an. Die Mutter ist vielleicht aufgeregt (zum Beispiel, weil es das erste Bad zu Hause ist oder weil es das letzte Mal so ein Drama war). Diese Aufregung übernimmt das Kind eins zu eins. Es kann noch nicht unterscheiden, welches die eigenen Eindrücke und Gefühle sind oder die der anderen um es herum.

Dann plötzlich wird man in das warme Wasser getaucht. Hier kann es bei den kleinsten Temperaturabweichungen für das Baby schon zu heiß/zu kalt sein. Und das kann je nach Empfindlichkeit bereits schmerzhaft sein.

Diese vielen Empfindungen prasseln nun alle gleichzeitig auf das Baby ein. Es ist reizüberflutet und gerät dadurch in Panik. Es schreit. Es empfindet Verwirrung, vielleicht Angst, spürt die Sorge der Eltern und kann sich selbst nicht aus dieser Situation befreien.

In dem Moment, in dem das Licht ausgeht, bekommt der „Arbeitsspeicher" im Kopf des Babys durch die Reduzierung der Reize freie Kapazitäten zur Verfügung gestellt, um die Reize wahrzunehmen und zu ordnen. Wenn dann auch noch die Temperatur des Wassers angenehm ist, kann es nun viel leichter die übrigen Reize annehmen und sich fallen lassen.

Alle schauen, weil sie schreit – Aus dem Familienalltag

Ich kann, seit unsere Maus auf der Welt ist, absolut keine Feierlichkeiten mehr aufsuchen. Denn unsere Kleine schreit sich, sobald wir in einem Raum mit vielen Menschen sind, die Seele aus ihrem kleinen Körper! Egal, ob im Kinderwagen, in der Babytrage oder im Arm, es geht einfach nicht. Das ist insbesondere in den zeremoniellen Momenten, die ich ja grundsätzlich gerne mitbekommen möchte, sehr unangenehm.

Mutter von Martha, 18 Monate alt

Wir Autoren würden sehr gerne Mäuschen spielen, um zu sehen, wie viele Eltern an dieser Stelle heftig nicken, weil sie sich beziehungsweise ihr Baby in der Beschreibung wiedererkennen. Es werden auf jeden Fall sehr viele sein.

Wenn es euch auch so geht, dass euer Baby absolut keine Feierlichkeiten aushält, findet ihr an dieser Stelle erst einmal eine kurze Erklärung für sein Verhalten: Babys sind zu einhundert Prozent abhängig von den Menschen um sie herum, insbesondere natürlich von ihren Eltern. Deswegen halten Babys im wachen Zustand stets Kontakt zu einem Erwachsenen in ihrer Nähe, um sich abzusichern, dass gerade jemand da ist, der dafür sorgt, dass es beschützt wird und seine Bedürfnisse erfüllt werden.

Treffen nun viele Menschen aufeinander, ist dies gar nicht mehr so einfach. Ist das Baby zudem hochsensibel, fangen seine Antennen alle möglichen Emotionen der anderen Menschen auf (bei Feiern meistens besonders aufregende) und ist diesen hoffnungslos ausgeliefert. Dieses „Durcheinander“ an Emotionen überfordert das Baby, und da es sich nicht allein aus dieser Situation befreien kann, schreit es um Hilfe. Wir haben ein paar Tipps gesammelt, wie ihr euer Baby vor einem Ansturm auf seine Antennen schützen könnt.

UNSERE TIPPS FÜR FEIERLICHKEITEN MIT HOCHSENSIBLEN BABYS

Baut irgendeine Art Barrikade für das Überschwappen von zu vielen Reizen. Es haben sich beispielsweise große und festere Mulltücher bewährt, die man einfach über das Verdeck des Kinderwagens legen kann. Bei Decken wären wir vorsichtig, da die Luftzirkulation gegebenenfalls nicht mehr ausreichend ist.
Auch bei Babytragen ist ein Mulltuch, das den Blick des Babys einschränkt, hilfreich.

Sucht, wenn möglich, zwischendurch immer wieder einen ruhigen Raum auf, in den ihr euch mit dem Baby zurückziehen könnt.

Auch wenn die Verwandtschaft nörgelt und ihr natürlich sehr stolz auf euer Baby seid: Reicht es nicht herum!
Wechselt ständig der Mensch, der das Baby hält, ist selbst ein Baby ohne Hochsensibilität schnell überreizt.

Ansonsten versucht, Veranstaltungen mit lauter Musik zu meiden.

Überlegt euch vorher, ob euch der Besuch einer Veranstaltung es wert ist, das Quengeln eures Babys zu ertragen.

Wind, Wetter und Natur

Kälteempfinden

Krise beim Spaziergang – Aus dem Familienalltag

Wir waren letzten Monat, als es ziemlich kalt draußen war (–5 °C) spazieren. Eigentlich nur eine kleine Runde, die mit unserer fünfjährigen Tochter sonst so etwa eine Viertelstunde dauert.

Doch an diesem Tag fing die Kleine plötzlich an zu weinen, weil ihre Augen so wehtaten. Wir wickelten den Schal etwas anders und setzten ihr die Kapuze auf. Das half zwei Minuten lang, dann weinte sie wieder, weil ihr Gesicht so wehtue. Auch die Hände taten ihr weh. Das Ganze steigerte sich circa 200 Meter vor unserem Haus zu einer wahren Panikattacke, die Kleine schrie vor Schmerzen und atmete so, als wenn ihr die Luft wegbliebe. Sie schrie, dass die Luft im Hals brenne und dass alles wehtue. Ich war erschrocken und wusste nicht, was ich tun sollte, denn das einzig Plausible, was helfen würde, war nun einmal, schnell nach Hause zu gehen. An Gehen war aber bei unserer Tochter nicht mehr zu denken. Sie war so in ihrer Panik, dass mein Mann das Schreibaby schnappte und den Rest des Weges bis ins Haus trug. Drinnen wurde alles schnell besser. Ich hätte nicht gedacht, dass Kälte einem Kind solche Schmerzen bereiten kann.

Eltern von Anna, 5 Jahre alt

Wir sehen hier an dieser Beschreibung, wie extrem hochsensible Kinder auf Temperaturen reagieren können. Und deshalb möchten wir zunächst eine Bitte an euch Eltern richten: Auch wenn das sinnvollste Handeln ein zügiges Weitergehen sein mag, es ist für die Kinder nicht umsetzbar. Ihr Verhalten ist nicht übertrieben oder gar hysterisch. Es sind einfach wirklich Schmerzen, die das Kind gerade in Rage versetzen. Schaut eurem Kind in die Augen und zeigt ihm, dass ihr es ernst nehmt. Und dann probiert, ob eine Linderung vor Ort möglich ist (wie mit dem Schal) oder ob ihr das Kind tatsächlich einfach nur aus der Kälte bringt. Wir haben Großeltern erzählen hören, dass einer der beiden zum Auto gerannt ist, um schnell etwas zu holen, was Linderung versprach. Wir haben Elternberichte gelesen, in denen man bei fremden Leuten klingelte, um zu fragen, ob man das Kind kurz aufwärmen könne, da es so bitterlich wegen der Kälte weinte. Wir loben alle Eltern, die ihr Kind in diesem Moment ernst nehmen und weder das Kind noch sein Verhalten belächeln.

Kontakt mit ungewohnten Materialien

Ebenfalls typisch für hochsensible Kinder ist es, nicht mit natürlichen Materialien an ihrer Haut klarzukommen, die sich ungewohnt anfühlen, wie zum Beispiel Sand, Matsch, Dreck etc.

Strand ist purer Stress – Aus dem Familienalltag

Als ich drei Jahre alt war, sind meine Mutter und ich aus Österreich nach Kiel an die Ostsee gezogen. Es war mitten im Hochsommer, und das perfekte Strandwetter begrüßte uns.

Zusammen mit meinen Großeltern verbrachten wir den Sommer ausgiebig am Strand. Zu meinem Entsetzen. Denn dort erwarteten mich neben Wind und Wellenrauschen diese wahnsinnig feinen Sandkörner, die ich nicht zu betreten vermochte.

Setzte ich einen meiner kleinen Füße auf den Sand, explodierte mein Gehirn förmlich wegen der Hitze im Sand, dem Kribbeln und dem Gefühl, den Sand nie wieder zwischen den Zehen loszuwerden. Ich bekam richtige Panik vor lauter Informationen, die auf mich einprasselten.

Ich schrie und schrie, sobald wir am Strand ankamen und war nur mit Keksen auf einer riesigen Decke, auf der auch garantiert kein einziges Sandkörnchen zu finden war, zu beruhigen. Meine Oma hatte dann auch die perfekte Idee, was mein Wellenrauschen-Problem betraf: Sie setzte mir unter dem Sonnenhut ein Stirnband auf, welches Wind und Wellenrauschen von meinen Ohren fernhielt.

Es dauerte übrigens bis zum nächsten Sommer, bis ich mit dem Strand klarkam. Erst mit fast fünf Jahren baute ich Sandburgen und tollte im Sand herum.

Lisa, heute 32 Jahre alt

Wir sehen: Ungewohnte Witterungsumstände bis hin zur physikalischen Struktur (wie sich etwas anfühlt) der Umgebung können hochsensible Kinder wahnsinnig aus der Fassung bringen.

Nach abrupten Ortwechseln drehen die Sensoren der Kinder geradezu durch. Hier ist es enorm wichtig, dass man nicht denkt, es könnte helfen, das Kind auf die „harte Tour“ (wir setzen das Mädchen einfach mal nackt in den Sand, dann lernt sie schon, dass er ihr nichts tut) an die Umgebung zu gewöhnen.

Die Idee der Oma, die dem Kind mit dem Stirnband eine Hilfestellung reichte, um wenigestens den Lärm zu mindern, ist unserer Meinung nach der bessere Weg.

Es lohnt sich, das Kind genau zu beobachten, um festzustellen, was gerade die schlimmsten Reizüberflutungen sind. Heute würde man wahrscheinlich das Mädchen erst einmal in einen Buggy setzen. Auch wenn es komisch klingt, es kann sogar sein, dass ein Kind es dann noch bevorzugt, dass das Verdeck mit einem Tuch zugehängt wird. So kann es in aller Ruhe „ankommen" und die Reize nach und nach sortieren. Denn wenn die verschiedenen Geräusche erst mal erkannt und eingeordnet werden konnten, „fordern" sie nicht mehr die Aufmerksamkeit des Kindes. Wir glauben: Wenn man Kinder in ihrem Tempo die Umgebung erleben und einschätzen lässt, ist ihnen am meisten geholfen.

Regenschauer

Auch ein richtig heftiger Regenschauer kann pure Reizüberflutung darstellen. Jedenfalls dann, wenn man nicht gerade extra wegen des Regenschauers draußen herumhüpft, um ihn auf der Haut zu spüren. Seid ihr beispielsweise gerade auf dem Weg zum Kindergarten, kann es durchaus passieren, dass euer Kind plötzlich wie angewurzelt stehen bleibt und auf keine Ansprache mehr reagiert. Ein „Los jetzt!" oder am Kind zu zerren (man möchte ja selber gerne aus dem Regen flüchten) bringt dann meist nichts.

Da es jedoch nicht weiterhilft, auszuflippen und das Kind anzuschreien, kann man sich auch direkt für die energiesparende Variante entscheiden und einfach tief durchatmen.

Reisen mit einem hochsensiblen Baby

Im Urlaub ist alles zu viel – Aus dem Familienalltag

Die Klimaanlage im Hotel, der Sand, die Hitze. Das Salzwasser, der Wind, die Luft im Flugzeug, die anderen, fremden Kinder ... Alles war zu viel für unsere Tochter. Sie weinte fast den ganzen Urlaub durch, weswegen wir letztlich fünf Tage früher abreisten.

Mutter von Toja, 18 Monate alt

Wir hatten extra einen Pferdehofurlaub gebucht, damit unsere große Tochter (7 Jahre) im Urlaub keine Langeweile bekommt. Unser Sohn (2 Jahre) war aber leider so gereizt während dieses Urlaubs, dass mein Mann mit ihm nach drei Tagen abreiste. Ich kam mit Lotte nach weiteren drei Tagen nach Hause. Jonas, also unser kleiner Sohn, ist hochsensibel und hatte riesige Probleme damit, sich an den Hof mit seinen Tieren und dem üblichen Dreck eines solchen Hofes zu gewöhnen. Das Heu roch zu intensiv, das Zimmer war nachts nicht dunkel genug. Alles war ihm einfach zu viel. Wir werden vorerst auf Urlaub verzichten müssen.

Eltern von Lotte und Jonas, 7 und 2 Jahre alt

Damit der Familienurlaub mit einem hochsensiblen Baby bzw. Kleinkind entspannt wird, folgen nun die besten Urlaubstipps für euch.

UNSERE TIPPS FÜR EINEN ENTSPANNTEN URLAUB

Versucht, euer hochsensibles Baby nicht allzu heftigen **Klimaveränderungen** auszusetzen. Wir empfehlen, Reisen in klimatisch extreme Gebiete bis ins Grundschulalter aufzuschieben.

Bei **Kreuzfahrten oder längeren Schiffsreisen** ist es sehr empfehlenswert, wenn ihr eine Schlafmöglichkeit in einer Kabine bucht, die nicht zu weit außen liegt. Viele Babys haben große Probleme mit dem Schwanken des Schiffes, welches außen physikalisch gesehen heftiger ist als in der Nähe des Schwerpunktes des Schiffes. Bei sehr großen Schiffen kann man dies jedoch bedenkenlos ignorieren, da diese meistens sehr ruhig im Wasser liegen.

Bei **Reisen mit dem Flugzeug** könnt ihr in der Regel mit einem Baby den bevorzugten Check-in nutzen und erspart eurem Baby (und euch) langes Anstehen. Im Flugzeug ist es empfehlenswert, euer Baby in einer Babytrage zu tragen, da es dort von eurem Herzschlag beruhigt wird.

Flaschennahrung solltet ihr unbedingt von zu Hause mitnehmen! Ihr bekommt in der Regel nicht genau die gleiche Babynahrung im Ausland, zudem sind die Qualitätsunterschiede extrem groß.

Lasst euer Baby zumindest in der ersten Nacht, sozusagen zum Ankommen, in eurem Bett oder in einem Gitterbett direkt neben eurem Bett **schlafen**, damit es in der ungewohnten Umgebung euren Atem hören kann.

Plant **nicht mehrere Aktivitäten** mit der gesamten Familie pro Tag. Hochsensible Kinder sind da sehr schnell überreizt. Ein Baby wird sowieso mit zu viel Aktion gestresst.

Unternehmt am besten nur Ausflüge, bei denen ihr selbstständig jederzeit ins Hotel bzw. Zimmer zurückkommen könnt. Es gibt nichts Schlimmeres für das Baby und euch, als auf eine ganze Gruppe zu warten, wenn das Baby stundenlang nur brüllt.

Überhaupt: Ruhige Urlaube sind besser für alle hochsensiblen Kinder und somit auch für deren Eltern.

Wenn die Haut des Babys ständig gereizt ist

Wenn ihr bei eurem Baby dauernd Ausschläge oder andere Reizungen beobachtet (zum Beispiel der berühmte wunde Po), solltet ihr einmal eure Tagesabläufe auf mögliche Überreizungen prüfen und ansonsten euren Kinderarzt oder eure Hebamme kontaktieren. Viele hochsensible Babys besitzen eine sehr empfindliche Haut. Generell ist unsere Haut das Organ, das auf alle Arten von Stress am heftigsten reagiert.

Windeln, Kleidung, Cremes sowie die Nahrung (auch Tees!) können ein Grund für eine gereizte Haut sein.

Es ist oft das buchstäbliche Suchen nach der Nadel im Heuhaufen, aber es lohnt sich ungemein, da fast immer, sobald dieser entscheidende Störfaktor entfernt wird, eine schnelle Besserung eintritt. Auch emotionale Überreizung durch Streitereien, Sorgen und Ängste unter den Familienmitgliedern können beim Kind zu Stress führen.

Das Babybett

Zur Erstausstattung des Kinderzimmers und insbesondere zur Auswahl des Babybetts findet man viele Meinungen im Internet und in Büchern. Wir empfehlen unbedingt, das Babybett von allen Kuscheltieren, Spieluhren und sonstigen Dingen zu befreien. Belasst es bei dem Allernötigsten wie dem Schnuller und vielleicht einem Schnuffeltuch.

Anstelle einer Bettdecke, die durch Bewegung ihre Struktur immer wieder verändert, hat sich oft ein extrem leichter Schlafsack als bessere Möglichkeit des Zudeckens erwiesen. So spürt das Baby nicht ständig das Gewicht des Stoffes.

Es gibt auch Babys, die Schlafsäcke und Bettdecken gleichermaßen verschmähen. In diesem Falle könnt ihr getrost darauf verzichten, solange euer Baby angenehm temperiert angezogen ist und die Raumtemperatur über Nacht angepasst werden kann.

Krabbelgruppen und Eltern-Kind-Kurse

Viele Eltern möchten ihrem Baby nichts vorenthalten, was zum einen der Entwicklung guttut und zum anderen auch schlichtweg Freude bereitet. Außerdem sehnen wir Eltern uns ja nun einmal nach Kontakt zu anderen Eltern. Deswegen sind Eltern-Kind-Kurse und Krabbelgruppen sehr gefragt.

Wir befürworten diese wirklich, da Babys es wirklich spannend finden, auf Gleichgesinnte zu treffen. Nur packt eure Woche nicht zu voll mit Terminen, da zu jedem Termin auch immer das Aufbrechen, der Weg zum Kurs und auch die Rückfahrt gehören. All das sind schon für sich Energieräuber. Und je nachdem, wie die anderen Babys im Kurs gerade gelaunt sind, ist auch dieser mal mehr, mal weniger anstrengend für euer Baby. Es trifft auf eine Menge visuelle, sensorische, kognitive, auditive und emotionale Reize, die es alle zusammen verarbeiten muss.

UNSER TIPP: KURSE FÜR BABYS

Wir raten dazu, Babykurse in Maßen zu nutzen und auch, wenn nötig, einen Kurs, der emotional überladen ist, vorzeitig zu verlassen. Beobachtet euer Baby und spürt hin, wie gut es mit den Reizen vor Ort klarkommt. Es gibt keinen Grund, der euch daran hindern sollte, euer Baby zu nehmen und einen Kurs vor dem Ende zu verlassen!

Rituale für hochsensible Babys

Hochsensible Kinder lieben Rituale. Diese bilden im Alltag einen festen Rahmen, auf den sich das Kind verlassen kann, bildlich gesehen sind sie Anker für die Kinderseele.

Das Wort Rituale hört sich zunächst nach festgefahrenen und langweiligen Gewohnheiten an – sie sind jedoch eine wunderbare Gelegenheit, den Alltag auch für euer Baby so zu strukturieren, dass es schon bald erkennt, wann und wo es seine Antennen „einfahren" und sich entspannen kann.

Im folgenden Kasten haben wir ein paar Rituale für euch gesammelt, die wirklich leicht umzusetzen sind – probiert sie einfach mal aus!

UNSERE TIPPS FÜR HILFREICHE RITUALE IM BABYALTER

Füttert euer Baby möglichst an einem oder zwei festen Plätzen in der Wohnung.

Führt Wickelrituale ein, wie zum Beispiel Fingerspiele oder Babymassagen. Gewickelt werden sollte auch an einem festen Platz.

Lieder können einen Tagesabschnitt einläuten. Dies kann mit einem fröhlichen Aufwachlied und angenehmen Bewegungen oder einer Massage geschehen. Und wenn es in den Abend geht, könnt ihr euer Baby mit immer demselben Lied zeigen, dass es gleich ins Bett geht.

Auch beim Aufbrechen zu einem Spaziergang im Kinderwagen oder in ähnlichen Situationen kann man dem Baby eine Vorahnung geben, indem man immer dasselbe Ritual ausübt. So weiß es, dass es nicht im Achtungsmodus bleiben muss, wenn etwas Unerwartetes passiert.

Geeignetes Spielzeug für hochsensible Babys

Beim Thema Spielzeug haben uns fast einstimmig alle Eltern, mit denen wir gesprochen haben, geraten:

UNSER TIPP: UNGEEIGNETES SPIELZEUG ENTFERNEN

Finger weg von blinkenden, lärmenden und sich bewegenden Spielsachen! Das Baby wird eher irritiert durch diese Reize und kann sich diesen unter Umständen nicht selbstständig entziehen.

Auch aromatische Kissen oder Kuscheltiere mit Lavendelgeruch können auf Dauer anstrengend für ein hochsensibles Baby sein.

Eigentlich ist es ganz einfach: Gemäß dem Motto „Weniger ist mehr“ lass lieber etwas weg, bevor euer Baby mit Reizen überladen wird.

Babywippen

Motorisiert schwingende Babywippen, Babywippen mit vibrierenden Auflageflächen und Babywippen mit einem Animationsbügel sind oft gut gemeint, aber für ein hochsensibles Baby der absolute Reiz-Wahnsinn.

Dagegen bietet eine „einfache“ ergonomische Babywippe dem Baby die Möglichkeit, seine Umgebung wahrzunehmen und jederzeit die Augen für ein Nickerchen zu schließen.

Strahlung von Elektrogeräten

Es gibt Babys, die höchst empfindlich auf elektrische Strahlung reagieren, die nicht hochsensible Erwachsenen häufig kaum mehr bewusst wahrnehmen.

Wir empfehlen, Geräte wie Handys und Tablets nicht dauerhaft in der Nähe des Babys liegen zu lassen. Und schaltet den Fernseher, der in dem Zimmer steht, in dem das Baby schläft, unbedingt richtig aus bzw. zieht den Stecker aus der Steckdose. Es mag übertrieben klingen, aber wir wissen nicht, wie fein die Antennen von Babys justiert sind.

Auch Geräte wie ein Radiowecker haben so manches Baby schon in den Wahnsinn getrieben. Die Erleichterung, als dieser „Reizteufel" gefunden wurde, war in den betroffenen Familien sehr groß!

Wenn die Fingerchen vom Babybrei dreckig werden – Aus dem Familienalltag

Seit einem Monat ist unser Baby reif für den ersten Babybrei. Ich kaufe also den obligatorischen ersten Möhrchenbrei aus dem Glas und freue mich schon auf das Bild, welches sich mir gleich bieten wird. Man sieht doch in den Zeitschriften immer grinsende Babys, die das Gesicht voller Brei haben und dabei strahlen. Bei uns kam jedoch alles ganz anders:

Marie schaute nicht nur entsetzt, als sie den ersten Löffel Brei im Mund hatte, sie wurde dann auch wahnsinnig, wenn auch nur der kleinste Tropfen irgendwo im Gesicht landete. Der erste Brei war bei uns ein Desaster. Sie schrie am Ende nur noch und war wutentbrannt, gerade so, als wenn ich sie mit dem Brei massakrieren wollte.

Ich bin dann erschrocken erst einmal wieder auf die Milch zurückgewichen und füttere nun nach einiger Eingewöhnungszeit einen Brei, der fast keinen Geschmack hat. Auch dieser darf unter keinen Umständen an die Hände/in das Gesicht kommen, denn dann ist das Geschrei groß.

Mutter von Marie, 6 Monate alt

Viele, wirklich sehr viele Eltern von hochsensiblen Babys berichten uns, dass ihre Schützlinge enorme Sauberteufel sind. Es darf kein Essen irgendwo an der Hand oder im Gesicht landen, Gemüse oder Obst, welches man den Kleinen in die Hand drückt, wird angewidert fallen gelassen. Die Hände sind praktisch niemals nass oder dreckig. Das niedliche Spielen mit dem Essen, welches viele Eltern freudig erwarten, bleibt aus.

Wir sagen, wenn das auch auf euer Baby zutrifft: Herzlichen Glückwunsch, ihr habt das Glück, euch in dieser Hinsicht viel Arbeit zu ersparen, da ihr keine Matschereien am Tisch finden werdet. Doch macht euch keine Gedanken, spätestens im Kindergartenalter lernen auch hochsensible Kinder, mit dreckigen Händen zurechtzukommen.

Das Kindergartenalter

Von vielen Eltern hochsensibler Kinder bekommen wir das Feedback, dass ihnen eine Phase ganz besonders zu schaffen macht: die Eingewöhnung in den Kindergarten. Es ist manchmal so schwierig, das Kind einzugewöhnen, dass ganze Familienkonzepte über Bord geworfen werden und man kurzerhand beschließt, das Kind zu Hause zu behalten, was erhebliche Folgen für die berufliche Karriere und die Finanzen haben kann.

Der Start in den Kindergarten – Die größten Probleme

Eltern von hochsensiblen Kindern erzählen uns häufig, wie sehr die Lärmkulisse im Kindergarten ihre Kinder überfordert, da ihr Gehirn (System) probiert, alle Geräusche und Stimmen wahrzunehmen und zuzuordnen. Sie sind ja ohnehin plötzlich von den vielen ihnen fremden und unterschiedlichsten Menschen umgeben und natürlich auch deren Emotionen ausgesetzt. Wie wir ja inzwischen wissen, fühlen viele hochsensible Kinder den emotionalen Stress der Menschen um sie herum. Sowohl den positiven als auch negativen.

Das Kind zieht sich zurück

Das kann dann im Kita-Alltag so aussehen: Das Kind legt sich im Kindergarten plötzlich, mitten aus dem Spiel heraus, auf den Fußboden und ist nicht mehr zu animieren, aufzustehen. Oder aber es setzt sich in eine Ecke und hält sich die Ohren und/oder Augen zu. Kurzum: Das Kind entzieht sich der Situation und sämtlichen damit verbundenen Reizen. Manche Erzieher meinen sogar, das Kind würde depressive Verhaltensauffälligkeiten zeigen!

Mit Depressionen hat das Abschotten zum Glück meistens nichts zu tun. Es ist schlichtweg die einfachste Methode der Kinder, um das unkoordinierte Hereinprasseln von Reizen abrupt zu beenden. Ein erfahrener Erzieher mit viel Feingespür wird erkennen, dass das Kind nach Reizminderung verlangt. In der Regel wird dann versucht, entweder die Gruppe in ein ruhigeres Spiel zu leiten, oder dem Kind anzubieten, sich in einen Ruheraum zurückzuziehen.

Aber wenn die Erzieher (was ja auch oft einfach an der Anzahl der Kinder liegt) nicht direkt erkennen, dass das Kind einer Reizüberflutung ausgesetzt ist, wird es für das Kind sehr anstrengend. Es wird dann mehrere Stunden purem Stress ausgeliefert sein. Wir müssen uns das so vorstellen, als wenn wir uns ununterbrochen auf einem Jahrmarkt, mit all seinen unterschiedlichen Gerüchen, Geräuschen, Emotionen und visuellen bunten Eindrücken befinden, ohne die Möglichkeit, sich dieser Situation zu entziehen.

Nicht selten kann man das Kind dann am Nachmittag selbst mit der sprichwörtlichen Kneifzage kaum mehr anfassen. Es ist garstig, unausgeglichen, schreit, weint oder zickt. Oft hat es dann später am Abend auch noch Schwierigkeiten einzuschlafen.

UNSERE TIPPS FÜR EINE GUT ORGANISIERTE KITA-EINGEWÖHNUNG

Mit wenigen Stunden/Minuten der Eingewöhnung beginnen

Ein Hörbuch mit Kopfhörern (in Absprache mit den Erziehern) mitgeben, damit sich das hochsensible Kind in „seine" Welt zurückziehen kann

Das Kind nicht in der Haupt-, Bring- bzw. Abholzeit bringen bzw. abholen, da die in der Regel mit viel Gekreische und Emotionen verbunden ist

Es ist hilfreich, vorher zu prüfen, ob es tief in uns drin nicht den Gedanken gibt, der es unseren Kindern nicht zutraut, ohne uns „in der Welt da draußen" zurechtzukommen. Falls dies so ist, spüren unsere Kleinen diese Unsicherheit, selbst wenn wir uns ihrer nicht bewusst sind.

Im Anhang findet ihr eine Vorlage für ein Schreiben an die Erzieher eures Kindes, in dem wir diese auf die Schwierigkeiten von hochsensiblen Kindern vorbereiten.

Wenn das Kind nicht spricht

Statistisch gesehen neigen hochsensible Kinder dazu, sehr spät mit dem Sprechen anzufangen. Das mag daran liegen, dass sie es oft schon als Baby schaffen, mit den Bezugspersonen auf andere Art ausreichend zu kommunizieren. Durch Blicke und Körperkontakt sind alle Dinge „gesagt“, es ist einfach nicht notwendig zu sprechen. Kommt das Kind dann in das Alter, in welchem es mit anderen Kindern spielt, merkt es schnell, dass Kommunikation hier anders verläuft. Die anderen Kinder reden miteinander, und das hochsensible Kind kann mit der Kommunikation, die bisher funktionierte, hier erst mal nichts anfangen.

Also muss nun die Sprache her. Und hier kommt der Moment, in dem viele Eltern sehr erstaunt sind: Die hochsensiblen Kinder reden plötzlich los, als wäre es nie anders gewesen. Sie haben durchaus von ihrer Umwelt in der vergangenen Zeit die Sprache erlernt, diese nur nicht selbst angewendet.

Wir kennen die Zerrissenheit unter Kinderärzten, denn die Spanne, in welcher die Ärzte anfangen, das fehlende Sprechen als „Makel“ zu registrieren, liegt zwischen zwei und vier Jahren!

Manche Kinderärzte finden es bedenklich, wenn ein Kind mit zwei Jahren noch keine einzelnen Worte spricht, andere zucken mit den Schultern und meinen: „Wenn das Kind mit vier noch nicht spricht, schauen wir uns das noch mal in Ruhe an.“ Und zu letzterer Variante würden wir auch tendieren. Hier ist wieder das Bauchgefühl von euch Eltern gefragt. Kann es sein, dass euer Kind tatsächlich schlichtweg nicht sprechen muss, um sich mitzuteilen?

Fernsehen und Märchen – Beides nur bedingt geeignet

Einige hochsensible Kinder beginnen sehr schnell zu weinen, wenn sie vor dem Fernseher sitzen. Und das nicht nur vor Angst oder aus Mitgefühl, sondern auch, wenn etwas sehr Aufregendes passiert oder auch aus Erleichterung, Freude oder Rührung. Freudentränen oder Rührung mit Tränen in den Augen sollten nicht ins Lächerliche gezogen werden. Passt auf, dass auch Geschwister, die von diesen Szenen nicht so ergriffen sind, nicht anfangen, sich über das hochsensible Kind lustig zu machen.

Wir empfehlen, gerade hochsensiblen Kindern jegliche Art von Gewalt (auch emotionale!) und sehr aufregende Filme vorzuenthalten. Sie können sich emotional nicht genug abgrenzen. Zudem können nicht alle Kinder zwischen Film und Realität unterscheiden.

Zu Märchen möchten wir Folgendes vorab sagen: Sie wurden nicht für Kinder geschrieben! Das betrifft eigentlich alle Kinder, egal ob hochsensibel oder nicht. In vielen Märchen werden Kinder von ihren Eltern getrennt oder verstoßen, es gibt böse Hexen, und Geister, Gewalt und Tod werden absolut nicht kindgerecht serviert.

Kinder speichern die Inhalte dieser Geschichten im Unterbewusstsein und können auch noch im Nachhinein sehr davon mitgenommen sein. Das ist bei hochsensiblen Kindern noch ausgeprägter. Deswegen empfehlen wir, solche Märchen frühestens ab der Sekundarstufe lesen zu lassen bzw. vorzulesen.

Wenn die Kleidung den ganzen Tag vermiest

Wahrscheinlich kommt euch diese Situation bekannt vor: Ihr zieht euer Kind morgens an. Und das Kind, das eben noch friedlich vor sich hin spielte, wird auf einmal zur Furie. Es schreit, wütet, zappelt und kriegt sich nicht wieder ein.

Ein ganz großes Problem für viele hochsensible Kinder sind Socken. Hier hat sich ein Trick unter den Eltern herumgesprochen, der fast immer funktioniert: Dreht die Socken auf links. Dann scheint das Bündchen nicht mehr so sehr zu reizen. Wenn das nicht hilft, einfach Socken ohne Bund kaufen.

UNSERE EINKAUFSTIPPS FÜR ELTERN

- Auch wenn man komisch angeschaut werden könnte – man kann an der Lippe sehr gut testen, wie ein Stoff auf der Haut von hochsensiblen Kindern wirkt. Wenn man mit der Lippe über den Stoff fährt und es sich nicht weich anfühlt, lasst das Stück im Laden, es wird euer Kind wahrscheinlich überreizen.
- Socken auf links tragen lassen oder ohne Bund kaufen
- Achtet bei Hosenbündchen und Ärmeln darauf, dass diese nicht zu eng und fest auf der Haut sitzen.
- Kratzende Wollprodukte meiden
- Wenn euer Kind keinen Rollkragen mag, dann versucht nicht, es dazu zu überreden, ihn trotzdem zu tragen. Dieser überreizt nicht nur viele hochsensible Menschen, sondern auch Kinder, die nicht hochsensibel sind. Unser Hals gehört mit zu den empfindsamsten und „verletzlichsten" Partien unseres Körpers, die wir bewusst zu schützen versuchen.

- Wenn euer Kind in einem Alter ist, in dem es selbst Kleidung anfassen und beurteilen kann (so ab drei Jahren ist das oft schon gut machbar), hört auf das Urteil eures Kindes. Es ist wirklich so: Stoffe, die für euch normal erscheinen, können für euer Kind die Hölle sein.
- Generell sollte deswegen Kleidung niemals zu rau, zu eng oder zu kitzelig sein. Auch Kleidung, die sich schnell elektrostatisch auflädt, kann zu größeren Problemen führen.

Es wäre interessant, zu wissen, in wie vielen Haushalten Eltern ihre Kinder im Eiltempo der Kleidung entledigen, nachdem sie diese gerade erst hineingesteckt haben. Dieses Szenario wird euch, wenn euer Kind sehr berührungssensitiv ist, noch häufiger passieren.

Manche Kinder werden im wahrsten Sinne des Wortes verrückt, wenn ein Kleidungsstück sich seltsam anfühlt. Es kann sein, dass der Pullover kratzt, dass die Handschuhe am Handgelenk kribbeln, dass der Rollkragen eine Explosion von Reizen am Hals auslöst. Und das Verrückteste daran ist, dass sich ein Kleidungsstück an einem Tag wunderbar anfühlen kann und euer Kind am nächsten Tag in den Wahnsinn treibt.

Hochsensible Brillenträger

Die Brille sitzt auf der Nase, einem sehr sensiblen Punkt im Gesicht. Und nicht selten kommt es den hochsensiblen Kinder so vor, als wenn ständig Strom fließen würde, wo die Brille aufsitzt. Wahrscheinlich drückt sie auf einen Nerv, was als Dauermeldung eine

Schleife im Gehirn fährt. Auch die Berührung des Gestells an den Ohren wird oft als Dauerreiz gemeldet.

Wir haben lange gesucht, was den Eltern dieser Kinder geholfen hat und haben schließlich diese Tipps für euch gesammelt:

UNSERE TIPPS FÜR DIE RICHTIGE BRILLE

- Die Brille sollte nicht zu viel Eigengewicht haben.
- Eine größere Auflagefläche empfinden manche Kinder als befreiend.
- Oder: Eine kleinere Auflagefläche (durch sogenannte Silikonpads) ist auch manchmal hilfreich.
- Das Kind sollte die Brille schon beim Optiker mindestens 20 Minuten tragen, da es erst dann spürt, ob es diese dauerhaft tragen kann (das machen die wenigsten Optiker von sich aus).

Haare waschen

Angst vor dem Haarewaschen – Aus dem Familienalltag

Ich traue mich gar nicht, vor meinem Kind das Wort „Badewanne" in den Mund zu nehmen. Meine Tochter (3) bekommt dann sofort die Panik ins Gesicht geschrieben und fragt mit zittriger Stimme, ob auch die Haare wieder gewaschen werden müssen. Baden ohne Haarewaschen liebt sie inzwischen sehr. Aber wenn ich erwähne, dass auch die Haare gewaschen werden müssen, hat sie vor Angst nicht einmal Spaß beim Spielen zuvor.

Mutter von Hannah, 3 Jahre alt

Na, erkennt ihr euch in dem Beispiel wieder? Dann habt ihr es vermutlich auch mit einem „Haarwasch-Phobiker“ zu tun. Wir haben von fast allen Eltern hochsensibler Kinder solche oder ähnliche Szenen erzählt bekommen. Da kam natürlich die Frage auf, warum so viele hochsensible Kinder extrem ängstlich vor dem Haarewaschen sind. Wir erklären uns das mit der Sensitivität der Kopfhaut und vor allem im Gesicht. Diese ist auch bei nicht hochsensiblen Menschen wesentlich höher als bei anderen Körperstellen. Das ist eine ganz natürliche Schutzreaktion, die verhindern soll, dass Kopf, Augen, Mund oder die Nase verletzt werden.

Bei hochsensiblen Kindern ist nun die Schwelle, ab der Reize im Gesicht als unangenehm empfunden werden, noch niedriger. Die Folge: schreiende, weinende, zeternde Kinder. Man neigt leicht dazu, dieses „Gehabe“ der Theatralik seines Kindes zuzuschreiben. Bedenkt aber bitte, dass es eine wahre Reizexplosion zur Folge hat, wenn Wasser über den Kopf ins Gesicht läuft. Es kitzelt, es brennt vielleicht, es kühlt auf der Haut direkt wieder ab. All diese einzelnen Reize prasseln auf euer Kind ein. Hinzu kommt oft eine riesige Angst davor, dass Schaum in die Augen läuft.

UNSERE TIPPS FÜR EIN ENTSPANNTES HAAREWASCHEN

Lasst euer Kind einen trockenen Waschlappen über das Gesicht legen und leicht auf die Augen drücken.

Es gibt auch lustige Plastikhüte (Shampooschutzhüte), die man dem Kind beim Haarewaschen aufsetzen kann.

Verbindet das Haarewaschen mit einer angenehmen Kopfmassage. Oft entwickelt sich daraus ein angenehmes Ritual, auf das sich euer Kind freut.

Wenn hochsensible Kinder krank sind

Hochsensible Kinder leiden häufig sehr unter dem Kranksein, schon allein weil sie die vielen Veränderungen, die damit in seinem Körper einhergehen, spüren. Nicht selten erkennt man sein Kind durch sein völlig ungewöhnliches Verhalten kaum wieder.

Von vielen Eltern haben wir bei Erkrankungen ihrer Kinder gehört und gelesen, dass ihre hochsensiblen Schützlinge in diesen Zeiten außer Rand und Band sind. Und diese Eltern sind verwirrt. Gerade hochsensible Kinder sind, wenn sie krank werden, auch psychisch sehr angegriffen. Sie werden unter Umständen weinerlich, aggressiv, launisch und ungehalten. Alle Facetten, die euer hochsensibles Kind ausmachen, können euch jetzt um die Ohren fliegen.

Diese Verhaltensänderung ist sehr wahrscheinlich auf die Überforderung des Nervensystems mit der Krankheit zurückzuführen. Das Kind steht sozusagen unter Dauerstrom, da über die Nervenbahnen die vom Körper selber ausgeführten Kämpfe gegen die Bakterien oder Viren gelenkt werden. Und das Gehirn steuert diesen Gesundungsprozess. Übrigens auch dann noch, wenn das Kind schon einige Tage lang kerngesund wirkt.

UNSER TIPP: GELASSEN BLEIBEN

Je entspannter ihr bleibt, desto mehr Sicherheit strahlt ihr aus und desto geborgener fühlt sich euer Kind.

Euer Kind darf ruhig wissen, dass ihr es derzeit als andersartig empfindet. Aber macht daraus keinen Vorwurf mit der Botschaft „Werde wieder der/die Alte!“. Denn das Kind hat sich ja nicht bewusst dafür entschieden, jetzt mit einem mal gereizter zu sein. Es ist selbst seinen befeuerten Synapsen ausgeliefert. Zeigt Verständnis und beißt dann lieber in Gedanken in die Tischkante.

Wir empfehlen, nach schwereren Krankheiten wie einer Grippe das Kind nicht gleich wieder in den Kindergarten oder in die Schule zu schicken, sobald es symptomfrei ist. Sprecht mit dem Kinderarzt ab, was er dazu sagt, er kann euch sicher weiterführend beraten. Und befragt noch jemanden, der sich in der Regel gut auskennt: euer Bauchgefühl!

Wenn Kinder viel alleine spielen

Wenn Kinder viel alleine spielen, ist das für manche Eltern ein Problem. In der heutigen Zeit wird oft gepredigt, dass ein Kind ständig beschäftigt sein muss und Mütter und Väter dafür verantwortlich sind, es zu animieren. Ist das Kind eher ein Eigenbrötler und zieht sich gerne in eine Ecke zurück, um alleine vor sich hin zu spielen, kommen schnell mal fragende Blicke und ungefragte Ratschläge, wie man das Kind dazu bringen kann, mehr mit den anderen Kindern zu spielen.

Wir fragen an dieser Stelle: Wozu? Es ist wichtig, dass ein Kind lernt, Kontakt zu anderen Kindern aufzunehmen und auch mit ihnen zu spielen. Doch muss es dies auch tun? Wir meinen: Nein!

Eltern berichten häufig, dass sie in der Kita von Erzieherinnen auf einen „Therapiebedarf" ihrer Kinder angesprochen werden, nur weil ihr Kind gerne allein beziehungsweise nur mit einigen „ausgewählten" Kinder spielt. So, als ob Kinder schon früh einer bestimmten Norm entsprechen müssten.

Wo ist das Vertrauen? Sie werden schon ihren Weg gehen. Warum dürfen sie sich nicht etwas mehr Zeit lassen, Vertrauen in andere Kinder und andere Menschen zu gewinnen, und zu Beginn etwas schüchterner sein? Wir vermuten, dass dahinter die Angst steckt, sie könnten später im Berufsleben nicht erfolgreich sein.

Kinder werden nicht in ihrer Entwicklung gehemmt, wenn sie lieber alleine spielen. Und für euer Kind kann es schlichtweg bedeuten, nicht zu vielen Reizen durch die anderen Kinder ausgesetzt zu sein. Kinder sind hervorragend darin, das zu tun, was ihnen guttut. Vertraut euren Kindern und eurem Bauchgefühl und lasst euch nicht von außen irritieren.

Medizin und hochsensible Kinder – Ein Drama

Ist ein Kind krank, kann es notwendig sein, dass es Medikamente einnehmen muss. Damit dieses Buch auch ein wenig Unterhaltung bietet, hier die besten Versuche von Eltern, Medizin so zu verpacken, dass das hochsensible Kind sie ohne Schrei- und Wutkrampf einnimmt und nicht direkt wieder erbricht.

DIE LUSTIGSTEN MEDIZIN-INS-KIND–TECHNIKEN

- Medizin im weißen Innenleben von Schokobons verstecken, die zunächst aufgeschnitten und anschließend wieder kunstvoll zusammengeklebt werden
- Medizin mit Limonade, Kakao oder Saft vermischen
- Medizin in Ravioli spritzen
- Medizin in den Kaubonbons mit „Knalleffekt" verstecken
- Medizin in besonders ungewöhnlichen Trinkgefäßen verabreichen, die so sehr vom Inhalt ablenken, dass das Kind es (hoffentlich) nicht bemerkt, was es da zu sich nimmt
- Den ersten Platz für den besten Showact verdient der Papa, der in einer Superman-Verkleidung so ins Wohnzimmer „geflogen" kam, dass seinem dreijährigen Sohn der Mund offen stehen blieb, was die Mutter ausnutzte, um die Medizin in diesen zu befördern.

Auch dienen diese Tricks offensichtlich der Vermeidung von zusätzlichem Stress, da manche Kinder sich von Medizin geradezu „gequält" fühlen. Ihr seht, es ist Kreativität gefordert, um Medizin in euer Kind hineinzubekommen. Leider neigen hochsensible Kinder zudem dazu, schnell zu erbrechen, und das fast wie auf Kommando. Vor allem wenn sie irgendetwas Unangenehmes in ihrem Mund spüren.

UNSER TIPP: MACHT DIE MEDIZIN ZUM VERBÜNDETEN

Ab einem Alter von drei Jahren kann man dem Kind mit dieser Geschichte erklären, was Medizin ist und dass sie ein Freund ihres Körpers ist:

„In diesem Löffel Medizin (oder Zäpfchen) befinden sich Tausend Polizisten, die herbeigerufen wurden, um deinen Husten/dein Aua/deinen Ausschlag zu verhaften. Dein Körper hat nämlich das Großkommando der Körperpolizei gerufen, um dir dabei zu helfen, die fiesen Bakterien, die dich krank machen, zu verscheuchen.

Wenn du also die Medizin in deinen Körper lässt, laufen die vielen Körperpolizisten direkt an die Stelle in deinem Körper, wo gerade besonders viele Fieslinge unterwegs sind. Und dort werden alle fiesen Bakterien umstellt und anschließend über die Pipi-Rutschbahn aus dir herausgeschickt."

Ängste von hochsensiblen Kindern

Definierbare Ängste

Unter den definierbaren Ängsten versteht man Ängste vor ganz bestimmten Dingen oder Situationen. Das kann zum Beispiel die Angst vor Hunden sein, Angst vor fremden Menschen, Höhenangst etc.

UNSERE TIPPS FÜR DEN UMGANG MIT ÄNGSTEN

Eine sogenannte **„Realitätsüberprüfung"** hilft bei Ängsten vor Dingen, die es nicht gibt, wie dem berühmten Monster unterm Bett. Schaut mit eurem Kind nach, ob sich die Gefahr bestätigt. Schickt hierbei nicht euer Kind vor, sondern schaut zuerst selber nach, auch wenn euch klar ist, dass ihr nichts finden werdet. Bleibt ernst beim Überprüfen, denn für euer Kind ist die Angst echt!

Antimittel wie „Monsterspray" (ein Sprühdiffuser mit Wasser und einem kreativen Etikett reicht dafür völlig aus)

Gewöhnung durch Aushalten: Zum Beispiel bei Höhenangst ist es lohnenswert, sich Zeit zu nehmen, denn an Höhe kann man sich gewöhnen. Schrittweise könnt ihr mit eurem Kind immer höhere Ebenen erklimmen und dort mindestens 20 Minuten lang bleiben. Ihr werdet merken, dass die Angst langsam verfliegt! Halten ist natürlich erlaubt.

Diffuse Ängste

Leonie und die Angst am Abend – Aus dem Familienalltag

Leonie ist seit einigen Monaten sehr schreckhaft. Sie ist vor allem am Abend sehr weinerlich und erzählt uns immer wieder, dass sie Angst habe. Wenn wir dann fragen, wovor sie Angst hat, kann sie uns diese Frage nicht beantworten.

Das macht mich total verrückt, weil ich ihr gerne die Angst nehmen würde! Was kann ich tun?

Mutter von Leonie, 4 Jahre alt

Das Beispiel von Leonie zeigt eine sogenannte „diffuse Angst", wie sie offensichtlich viele hochsensible Kinder wenigstens einmal in ihrem Leben entwickeln. Es handelt sich um eine Angst vor etwas Unbestimmtem, was es den Eltern besonders schwer macht, ihrem Kind zu helfen.

Diffuse Ängste entstehen, wenn das Unterbewusstsein einen Sachverhalt nicht abschließend bewerten und ablegen kann. Wir haben ein paar mögliche Ursachen gesammelt, die solche Ängste auslösen können:

URSACHEN FÜR DIFFUSE ÄNGSTE

- Das Kind hat aus den Nachrichten aus Radio oder Fernsehen etwas Beunruhigendes aufgeschnappt.
- Aus den Gesprächen der Erwachsenen hat das Kind etwas mitgehört, was es nicht verstehen oder nachvollziehen kann.
- Märchen sind gerade für hochsensible Kinder ungeeignet, da sie Szenarien lebendig werden lassen, die extrem beunruhigend sind.
- Auch viele Kinderfilme und Serien sind trotz Altersfreigaben absolut nicht geeignet für (hochsensible) Kinder.
- Generell jegliche Art von Veränderung
- Unordnung
- Unausgesprochene Spannungen im Umfeld
- Ängste von anderen Menschen

Diffuse Ängste kann man leider nicht durch eine Realitätsüberprüfung mindern. Hier lauert kein vermeintliches Monster unter dem Bett, dem man mit Monsterspray entgegentreten kann. Hier ist es vor allem das Festhalten, was dem Kind hilft. Kuschelt mit eurem Kind und haltet es fest im Arm, gebt ihm die Möglichkeit, elterliche Stärke zu spüren.

Zusätzlich ist ein Schutztier eine wundervolle Idee, das Kind in der Angst zu begleiten. Ein Schutztier kann das Gefühl vermitteln, vor allem und jedem beschützt zu sein, da ist es nicht wichtig, die Angst benennen zu können.

Im Kapitel „Ressourcen" ist eine Imaginationsübung zu finden, mit der ihr gemeinsam mit eurem Kind ein Schutztier kreieren könnt. Dieses ist danach jederzeit abrufbar und gibt mentale Sicherheit.

Außerdem findet ihr am Ende des Buchs eine Kopiervorlage für ein besonderes Schutztier.

Das Wichtigste, was ihr Eltern bedenken solltet, ist, Ängste nicht kleinzureden. Denn Kinder, die spüren, dass die Angst nicht richtig ernst genommen wird, vermeiden in Zukunft, überhaupt noch solche Gefühle anzusprechen. Das wäre dann für euch Eltern eine fatale Sackgasse, da ihr nicht mehr erfahren würdet, was in eurem Kind vor sich geht.

Ängste vor (Keller-)Räumen – Aus dem Familienalltag

Wir sind vor ein paar Wochen in ein Haus gezogen. Eigentlich wunderbar, und wir haben uns alle darauf gefreut. Doch eine Kleinigkeit ist schade: Unsere Tochter begibt sich nicht ins untere Geschoss. Dort sind das Elternschlafzimmer und ihr Kinderzimmer. Ihr Problem ist ein Kellerraum, in dem sich nichts befindet außer der Technik vom Haus. Und die macht manchmal komische Geräusche. Wir haben alles Mögliche ausprobiert, in den Raum hat unsere Tochter aber bisher noch nicht einmal hineingeschaut. Dann kam meine Schwester auf die rettende Idee: Wir legten einen großen Plüschhund vor den Raum. Er wacht nun wie ein Beschützer vor dieser Tür.

Und tatsächlich: Unsere Tochter geht nun an dem Raum vorbei! Sie spricht jedes Mal mit dem Hund und hat keine Angst mehr!

Eltern von Mara, 5 Jahre alt

Ein Plüschhund als Retter. Das ist eine tolle Lösung, wenn ein Kind eine unerklärbare (oder für Erwachsene schwer nachvollziehbare) Angst vor Räumen hat.

Man sollte Kinder nicht einfach an die Hand nehmen und in diesen Raum gehen, um ihnen zu „beweisen", dass es nichts Gefährliches darin gibt, denn wir wissen ja nicht, was genau die Angst auslöst. Es kann auch einfach eine seltsame Energie sein. Und die nehmen wir vielleicht einfach nur nicht wahr.

Statt eines Kuscheltiers kann auch ein Stoppschild eine Lösung sein. Auch von einem Absperrband wurde uns als erfolgreiche Lösung erzählt. Am besten, ihr fragt einfach euer Kind, was als Schutz infrage kommt. Eine Vorlage für ein Stoppschild findet ihr hinten im Buch.

Wenn Kinder ausfallend gegenüber anderen werden

Wenn man mit seinem Kind unterwegs ist und zum Beispiel Arbeitskollegen trifft, hofft man eigentlich, dass das eigene Kind sich höflich oder zumindest zurückhaltend benimmt. Nun neigen gerade hochsensible Kinder unter normalen Umständen nicht unbedingt dazu, frech zu werden, aber viele Eltern kennen die unangenehme Situation: Das Kind reagiert extrem, wenn man jemanden trifft, den das Kind bis dahin noch nicht kannte.

BEISPIELE FÜR EXTREME REAKTIONEN

- Schreikrämpfe
- Weglaufen
- Verstecken
- Weinen
- Extreme Panik

Wieso passiert das gerade bei hochsensiblen Kindern so oft? Nun, man muss sich vorstellen, dass diese Kinder von einem Menschen weitaus mehr wahrnehmen als die Eltern (wenn diese nicht zufällig genau dieselbe Art Hochsensibilität aufweisen wie das Kind). Zu einem Menschen gehören immer auch Emotionen, eine Ausstrahlung von dem, was der Mensch am Tag bisher erlebt hat und vielleicht auch übersinnliche Faktoren.

So steht das Kind plötzlich einem ihm unbekannten Menschen gegenüber und soll höflich reagieren, obwohl es ganz viel wahrnimmt, was zu Verwirrung führt. Es sieht zum Beispiel unfassbare Trauer in diesem Menschen. Oder Wut, die noch auf einem vorhergegangenen Streit beruht. Und das Kind erschrickt. Unter Umständen springt diese Emotion auch eins zu eins auf euer Kind über, und es ist plötzlich voller Angst und kann selbst nicht erklären, warum das so ist.

Somit wäre auch erklärt, warum Kinder gegenüber manchen Menschen, die ihnen nie etwas getan haben, seltsam reagieren. Wie sollten wir uns verhalten?

Wir empfehlen: einfach erzählen, wie es ist! Schließlich ist die Reaktion des Kindes in keinem Falle bösartiger Natur.

Das Drama mit dem Hunger

Wenn Hunger den Tagesablauf stört – Aus dem Familienalltag

Mia kann uns von einem Moment auf den anderen mit ihrem Hunger aus der Fassung bringen. Denn sie ist extrem sensibel, was ihren Zuckerhaushalt angeht. Bekommt sie Hunger, dann muss es sofort, also wirklich auf der Stelle, etwas zu essen geben, sonst bricht sie förmlich zusammen und bekommt einen Nervenzusammenbruch.

Das artet immer wieder aus, obwohl wir ihre Essenszeiten schon verdoppelt haben, um das Absacken ihres Zuckerhaushaltes zu verhindern.

Letztens waren wir sogar für einen Diabetestest im Krankenhaus, da unser Kinderarzt sich wegen des plötzlich auftretenden Hungers Sorgen machte. Es kam aber heraus, dass der Blutzuckerspiegel im Blut nur minimale Abweichungen zeigte, die im Normbereich liegen. Dort kam dann das erste Mal jemand mit dem Thema Hochsensibilität auf uns zu, da die Kinderärztin des Krankenhauses sich schon einmal intensiv mit dem Thema auseinandergesetzt hatte. Sie erklärte uns, dass manche hochsensible Kinder diesen minimalen, für jeden anderen nicht wahrnehmbaren Zuckerspiegelunterschied als unerträglich empfinden und sich nicht gegen den inneren Aufruhr wehren können.

Eltern von Mia, 5 Jahre alt

Das Wort „Hunger" löst in so manchen Eltern hochsensibler Kinder Panik aus, da sie damit heftige Dramen verbinden. Und nicht selten führen diese Dramen, wie oben zu lesen ist, zu beunruhigenden Verdachtsdiagnosen, da Hungerattacken organische Ursachen haben können.

Wir haben von den Eltern in unserer Umfrage fast einstimmig die Rückmeldung bekommen, dass sich dieses Problem mit dem Alter „verwächst".

UNSER TIPP: PRÄVENTION IN DER HANDTASCHE

Um die Dramen des hungrigen Kindes zu reduzieren und immer gegen Hunger-Stimmungslöcher gewappnet zu sein, empfehlen wir, ganz einfach immer etwas zu essen mitzunehmen.

Vermeidet dabei reinen Süßkram, da dieser nur wenige Minuten den Zuckerspiegel hebt und nach kurzer Zeit das nächste Drama anstehen würde. Mit Kohlenhydraten und viel Gemüse seid ihr auf der sicheren Seite.

Stressfaktor Kindergeburtstag

Kindergeburtstage sind für manche Eltern ein Graus. Aber auch einige Kinder, insbesondere die hochsensiblen, fürchten die große Ladung an Emotionen und Lärm, den Kindergeburtstage meist mit sich bringen.

Andere Eltern sind überfordert – Aus dem Familienalltag

Meine Tochter liebt Kindergeburtstage, ihren eigenen natürlich am meisten. Doch oft bekomme ich nach nicht einmal zwei Stunden einen Anruf der gastgebenden Eltern, weil sie sich um meine Tochter sorgen. Sie schildern mir, dass Lotte (manchmal sogar mit Bauchschmerzen) auf einem Sofa liegt und nicht mehr Teil des Geschehens sein möchte. Sie wirkt manchmal sogar leicht apathisch.

Ich weiß, dass das ihre „Auszeit-Minuten" sind und mache mir weniger Sorgen. Doch die anderen Eltern sind oft trotz Vorwarnung sehr verwirrt.

Mutter von Lotte, 5 Jahre alt

Die hier beschriebene Situation kennen ebenfalls sehr viele Eltern hochsensibler Kinder. Egal, ob bei sich zu Hause oder bei Freunden zu Besuch, wenn mehr als vier Kinder „auf einem Haufen sind", wird es zwangläufig laut, chaotisch und wild.

Hier haben wir Tipps gesammelt, die euch und eurem Kind helfen, die kommenden Geburtstage besser zu genießen:

UNSERE TIPPS FÜR EINEN ENTSPANNTEN GEBURTSTAG

- Ist euer Kind auf einen Kindergeburtstag eingeladen, fragt die Gasteltern, ob ihr eine Viertelstunde früher kommen könnt. Das Kind kann sich so schon einmal an den Ort, die Dekoration und die fremden Eltern gewöhnen und ist entspannter, wenn die anderen Gäste kommen.

- Bei eigenen Kindergeburtstagen lohnt es sich, den Geburtstag bei gutem Wetter nach draußen zu verlegen, da dort Lärm und Energien leichter verpuffen.
- Auch eine kleinere Gästeliste hat sich bei Kindergeburtstagen hochsensibler Kinder als sehr wertvoll erwiesen, da die Kinder mit weniger Gästen länger „durchhalten". Notfalls macht ihr zwei Termine.
- Vielleicht könnt ihr bei euch zu Hause auch einen Ruheort einrichten. Ist euer Kind eingeladen, fragt die Gasteltern, ob sie einen Raum haben, in den sich euer Kind alleine (!) zurückziehen kann.

Verhalten in disharmonischen Gruppen

Tobias nimmt Schuld auf sich – Aus dem Familienalltag

Tobias ist vier Jahre alt und schon sehr empathisch für sein Alter. Er ist ein beliebtes Kind bei den Erziehern im Kindergarten, da er grundsätzlich sehr ruhig und lieb ist. Letztens wurde ich, als ich ihn aus dem Kindergarten abholte jedoch zu einem Vier-Augen-Gespräch gebeten. Schon der Ton der Erzieherin ließ mich vermuten, dass an dem Tag etwas schiefgelaufen sein musste.

Die Erzieherin offenbarte mir dann sehr verwirrt, dass Tobias das Puppenhaus, welches die Mädchen in der Gruppe mit viel Liebe den Vormittag lang eingerichtet hatten, umgeschubst hatte. Ich wusste nicht, wie ich mit dieser Situation umgehen sollte, da ich meinen Sohn so gar nicht kenne.

Als ich ihn beim Schuheanziehen ansprach, was das sollte, kam gerade ein Mädchen um die Ecke, das sofort stehen blieb und rief, er wäre das ja gar nicht gewesen. Er hätte aber wohl, als die Erzieherin fragte, wer das Puppenhaus geschubst hätte, behauptet, dass er das war.

Tobias sagte daraufhin, dass so lange niemand geredet hatte, dass die Stille und die Angst in der Stille ihm so wehgetan hätten, dass er einfach die Situation beenden wollte. Er wollte, dass die Erzieherin nicht mehr mit der Gruppe böse sei und war lieber selber der Bösewicht, als dass die Stimmung weiter so angespannt bliebe.

Mutter von Tobias, 4 Jahre alt

Tobias zeigt hier ein Verhalten, welches wir insbesondere bei hochsensiblen Kindern, die ein intensives emotionales Gespür haben, beobachten.

Die Kinder können Disharmonien in Gruppen derart schlecht aushalten, dass sie lieber selbst Ärger bekommen, als dass dieses „komische Gefühl" den ganzen Tag im Raum hängt.

LERNEN, SICH ABZUGRENZEN

Bei hochsensiblen Kindern ist Abgrenzung wichtig. Euer Kind sollte unbedingt lernen, dass es nicht für die Taten anderer Kinder verantwortlich ist. Und genauso wenig für die Harmonie in einer Gruppe.

Im letzten Teil des Buches findet ihr Vorschläge, wie ihr eurem Kind das emotionale Abgrenzen als Ressource beibringen könnt.

Hier ein Erfahrungsbericht einer Mutter über das „Melodram“ um das heiß begehrte Abzeichen mit dem ulkigen Tierchen namens Seepferdchen:

Ein Seepferdchentagebuch – Aus dem Familienalltag

Nachdem es vorgestern bei einer Übungsstunde mit meinem Mann schon ganz gut mit dem Schwimmen klappte, ist unsere Tochter heute Morgen wieder kurz nach Betreten des Freibads in Tränen ausgebrochen.

Es war einfach zu voll. Zu laut. Zu „unkontrolliert“ um sie herum. Einige Kinder aus der Unterrichtsstunde vor uns liefen freudestrahlend und stolz zu ihren Eltern. Sie hatten die Seepferdchen-Prüfung bestanden. Ein paar andere waren von sich enttäuscht, weil es beim heutigen Versuch noch nicht klappte. Meine Tochter war so unfassbar geplättet von all dem, was um sie herum passierte, dass sie nur noch überfordert in sich zusammenfiel.

Wir fuhren also nach Hause und setzten alle Karten auf das nächste Üben, denn da wollte sich ihr Lieblingsschwimmlehrer eine Stunde Zeit für sie nehmen. Am frühen Nachmittag überkam es sie jedoch plötzlich, sie wollte es doch heute noch einmal ausprobieren. Ich fuhr also ein zweites Mal mit ihr zum Freibad und schnürte ihr erst einmal noch den Schwimmgürtel mit drei Klötzen um. Genauso viele wie am Morgen übrigens.

Und siehe da: Kaum war das Becken leer und der Lärm verschwunden, konnte sie mit einem Mal das gesamte Kinderbecken in einem Versuch durchschwimmen. Und nachdem ich einen Klotz entfernte, schwamm sie auch noch wie eine Weltmeisterin. Mit zweimal Festhalten an mir schaffte sie das ganze Becken.

Mutter von Sophia, 5 Jahre alt

Gerade in Sportarten, in denen sich Kinder vergleichen können, in denen sie vielleicht sogar um ein Abzeichen oder eine Medaille ringen, klappen hochsensible Kinder der Reihe nach zusammen. Dort findet sich so unglaublich viel emotional geladene Energie, weil die Kinder in der Gruppe mit Hoffnung, Angst, Ehrgeiz, Wut, Schmerz und Eifersucht kämpfen. Ist ein hochsensibles Kind in einer solchen Gruppe, kann es sich nicht vor all diesen Emotionen schützen und wird von ihnen überwältigt.

Wir empfehlen euch, einen Ausgleich zwischen Einzel- und Gruppenübungen zu schaffen. Im Zweifel ist sogar ein komplettes Rausnehmen aus der Gruppe und stattdessen Einzeltraining ratsam, um zu viele Niederlagen zu vermeiden. Bedenkt, dass hochsensible Kinder insbesondere im Sport so konzentriert sind, dass sie nicht gleichzeitig die vielleicht sogar schon gelernten Strategien gegen die Reizüberflutung umsetzen können.

UNSERE TIPPS: WIE HELFE ICH MEINEM KIND BEIM SPORT?

Gebt eurem Kind unbedingt die Chance, ohne die Gruppe zu üben. Für Abzeichen lohnt es sich, das Kind ohne andere Kinder die Prüfung ablegen zu lassen.

Bei Sportarten in Gruppen empfiehlt es sich, das Kind früher aus der Stunde nehmen zu können. Sprecht die Sportlehrer darauf an, ob das möglich ist.

Das leidige Thema „Schlaf"

Ein häufig diskutiertes Thema in sozialen Netzwerken ist das Thema „Schlaf". Oft lesen wir Fragen, die sich damit befassen, wie man hochsensiblen Kindern helfen kann, einzuschlafen, durchzuschlafen beziehungsweise alleine zu schlafen.

Typisch hochsensibel – Aus dem Familienalltag

Tim ist fünf Jahre alt. Er hat seit seiner Geburt Probleme mit dem Einschlafen. Als Baby konnten wir ihn durch Tragen und Kuscheln unterstützen, als Kleinkind damit, neben seinem Bett zu sitzen und ihn zu kraulen. Inzwischen reicht ihm das alles nicht mehr. Er schläft eigentlich nur noch ein, wenn er

a) in unserem Bett liegt, und

b) ich neben ihm liege und er sich an mich kuscheln kann.

Kennt ihr das Problem, und was habt ihr für Tipps?

Mutter von Tim, 5 Jahre alt

Erst einmal: Es gibt kein Gesetz, das uns Eltern eine Altersgrenze vorgibt, ab wann Kinder im eigenen Bett zu schlafen haben. Doch Vergleiche mit anderen Familien und Kommentare von Verwandten geben einem das Gefühl, einer Altersgrenze zu unterliegen.

Auch unsere eigenen Bedürfnisse fließen natürlich in die Frage ein, ab wann das eigene Kind aus dem Elternschlafzimmer oder auch Elternbett ins Kinderzimmer zieht.

UNSERE TIPPS FÜRS EINSCHLAFEN

Wir haben von vielen Eltern das Feedback bekommen, dass es dem hochsensiblen Kind sehr hilft, ab dem späteren Nachmittag die Reize um das Kind herum herunterzufahren.

Zum Beispiel sollte Fernsehen nach 17 Uhr nicht angeboten werden. Spielgefährten sollten auch spätestens zwei Stunden vor der Zubettgehzeit verabschiedet werden.

Besonders wichtig: Beim Abendessen sollten keine emotionalen Themen besprochen werden, damit diese Brocken nicht im Kopf des Kindes mit ins Bett wandern.

Und wenn es doch mal nicht zu vermeiden war, kann man mit dem Kind eine kurze Geschichte ausdenken, in dem es sich alle Gefühle und belastenden Gedanken des Tages abduscht oder -wäscht.

Viele Eltern haben sich für das Familienbett entschieden. Sprich: Die ganze Familie schläft in einem Raum, oft sogar in einem extra (um-)gebauten Bett, in dem alle zusammen genug Platz finden.

Diese Möglichkeit ist gerade für hochsensible Kinder eine tolle Erfahrung, da sie sich mit dem Ballast eines Tages nicht im Bett alleine fühlen. In der Regel tauchen nachts wesentlich weniger Ängste auf und das Vertrauen in die Eltern wächst.

Hier möchten wir unbedingt darauf hinweisen, dass sich vor allem auch die Eltern mit der Option „Familienbett" wohlfühlen müssen! Wir kennen es aus eigener Erfahrung, dass gerade hochsensible Eltern den eigenen Raum im Bett brauchen, um sich abzugrenzen und die Reize des Tages verarbeiten zu können.

Auch das Thema „Rituale“ kommt hier wieder ins Spiel. Ab dem Abendessen sollten alle Tage größtenteils ähnlich ablaufen. Es empfiehlt sich, eine Abendroutine einzuführen. Dazu können zum Beispiel das Kuscheln nach dem Zähneputzen (ohne Fernseher!) und Gute-Nacht-Geschichten gehören.

Doch keine Sorge, in der Regel stellen diese Einschlafprobleme „nur“ Phasen dar, und so müssen diese Hilfen nicht über Jahre hinweg durchgezogen werden.

Ein extrem klammerndes Baby – Aus dem Familienalltag

Momentan größtes Problem bei meinem neun Monate alten Sohn: Er schläft nur an mich gekuschelt, er schläft nur mit Bewegung ein. Tagsüber muss man in Bewegung bleiben. Bald geht die Krippe los. Ablegen oder Wegschleichen (was ich nicht gutheiße) funktioniert nicht, er schläft maximal 30 Minuten am Stück und checkt dann kurz die Lage. Sollte mir das Wegschleichen gelingen, merkt er das nach spätestens fünf Minuten. Er hat so viel zu verarbeiten, dass er ohne Bewegung nicht zur Ruhe kommt und immer stärker zappelt. Beim Träumen schiebt er sich noch dichter an mich oder klammert sich an mich.

Mutter von Louis, 9 Monate alt

Mögliche Ursachen für das Klammern

Diesem Verhalten liegt unseres Erachtens vermutlich die Angst vor dem Einschlafen zugrunde. Je kleiner Kinder sind, desto weniger können sie sich vorstellen, dass man nach dem Schlafen wieder aufwacht. Auch denkbar ist, dass die Angst auf einer traumatischen

Geburts- oder gar Schwangerschaftserfahrung beruht (siehe auch Kapitel „Alleingeborener Zwilling“).

UNSERE TIPPS FÜR KLAMMERNDE KINDER

- Auch wenn es nicht gerade eine Lösung für betroffene Eltern bietet, raten wir, geduldig zu bleiben und zwischendurch immer wieder so viel „Auszeit“ vom Elternsein sowie Unterstützung zu organisieren wie eben möglich.
- Probiert mit diesen Ruhezeiten, die Nähe zu eurem Baby, auch wenn sie euch zwischendurch bestimmt immer wieder zu viel wird, so gut wie möglich zu genießen.
- Alles, was ihr in dieser Zeit in das Vertrauen eures Kindes „investiert“, wird sich später auszahlen.

Das Essverhalten hochsensibler Kinder

Mit dem Essen kann man ein Kind, das schon durch das Umfeld sehr viele Reize verarbeiten muss, in eine Situation der Überforderung bringen. Zum Beispiel stellen sehr deftige Gerichte genau wie Mahlzeiten mit starken geschmacklichen Eindrücken große Reizbomben dar. Es kann zum Beispiel sein, dass das Kind plötzlich keine Bratwurst mehr mag, wenn es in einer Umgebung ist, die es nicht kennt oder die sehr laut ist.

Wenn man auswärts essen geht, sollte man es akzeptieren, wenn das Kind nichts essen möchte und keinesfalls damit drohen, dass es zu Hause ebenfalls nichts mehr gibt, wenn es jetzt und hier nichts essen will. Denkt daran, dass euer Kind zu Hause nicht so viele

Fremdreize verarbeiten muss und dort dann vermutlich sehr gut essen kann und wird.

Nicht nur der Geschmack ist manchmal sehr außergewöhnlich, sondern vor allem der Geruch. So riechen die Kleinen häufig noch am Essen, bevor sie es sich in den Mund schieben oder halt nicht.

Zwei Arten von Sensibilität

Zum einen gibt es die Sensibilität, bei der Kinder die Reize, die direkt im Mund ausgelöst werden, als unangenehm empfinden. Es geht hier nicht nur um den Geschmack, sondern auch um die Form und Konsistenz des Essens. So isst manches Kind gerne runde, aber auf keinen Fall eckig geschnittene Möhren. Sie fühlen sich eben anders an. Dagegen können manche Kinder das Gefühl von Sprudel oder das Gefühl von etwas Klebrigem im Mund nicht ausstehen.

Und, was manche Eltern in dieser Hinsicht in den Wahnsinn treibt:

Oft sind die Reaktionen der Kinder tagesformabhängig. Manchmal isst ein Kind gerne Schokolade mit Nüssen darin. Am nächsten Tag kann es plötzlich die Nüsse nicht ab.

Ihr seht, dieses Thema ist sehr komplex. Lasst euch einfach nicht aus der Ruhe bringen und respektiert, dass die Sinnesorgane eures Kindes verrücktspielen können. Es nützt hier absolut gar nichts, Kinder zu zwingen, etwas zu essen.

Neben der Wahrnehmung direkt im oder am Mund kommt noch eine Form der sensiblen Unverträglichkeit bei hochsensiblen Kindern hinzu: Die Unverträglichkeit im Bauch. Viele hochsensible Säuglinge kommen, wenn sie nicht gestillt werden, nur mit den Komfortvarianten der Säuglingsmilch zurecht. Bei allen anderen Sorten führt die Art der Moleküle in der Milch zu heftigen Krämpfen, Durchfall und/oder Verstopfung.

Sollte euer Baby also ständig von Bauchschmerzen geplagt sein, ist es auf jeden Fall sinnvoll, einmal auf Komfortnahrung umzusteigen. Fragt hierzu auch euren Kinderarzt um Rat, er wird euch sicher informieren können, welche Milchnahrung er als geeignet sieht.

Diagnose „Depression" bei einem hochsensiblen Kind

Ein Thema wird von Eltern hochsensibler Kinder mit besonders viel Emotionen diskutiert: Ist mein Kind wirklich depressiv? Eltern teilen uns tatsächlich sehr oft mit, dass im Kindergarten beim Kind eine Depression vermutet wird. Natürlich sind diese Eltern dann in großer Sorge und sehr verunsichert.

Und in fast allen Fällen führte folgende Verhaltensweise zu der besorgniserregenden „Diagnose" der Erziehungsbeauftragten: Das Kind sitzt oder liegt gerne und viel in einer Ecke des Raumes und nimmt nur passiv am Geschehen teil.

Wir möchten euch Eltern hierzu gerne einen beruhigenden Impuls geben, den ihr unbedingt mit den Erziehern besprechen solltet: Hochsensible Kinder brauchen diese Auszeiten unbedingt. Ihre Filter müssen zwischendurch „gelüftet“ werden, ansonsten brechen die Kinder innerlich an der Fülle der Reize (die in einem Kindergarten übrigens enorm sind!) zusammen.

Und es spricht für eine sehr gute Selbstwahrnehmung, wenn euer Kind dieses Bedürfnis nicht nur erkennt, sondern auch dafür sorgt, dass es diese Auszeit bekommt. Im Zweifelsfalle solltet ihr natürlich einen Spezialisten befragen. Denn wenn es sich wirklich um eine Depression handeln sollte, ist es natürlich sehr wichtig, dass man frühzeitig entgegenwirkt. Euer Kinderarzt kann euch dazu sicher seine Einschätzung geben.

Versucht es, als ein Zeichen großer Fürsorge zu sehen, wenn Erzieher euch auf ihre Sorgen ansprechen. In der Situation eines Erziehers ist es eine Gratwanderung, Kinder richtig zu beurteilen, und es ist immer besser, mit den Eltern zu sprechen.

Auf keinen Fall sollte euer Kind jedoch von diesen Gesprächen erfahren, denn sogar die kleinsten Kinder können bereits sehr verängstigt reagieren, wenn von außen ein „Problem“ festgestellt wird.

Warum ecken die Kinder so oft an?

Auch wenn hochsensible Kinder es häufig gar nicht wissen oder gar realisieren, wieso und woher sie die Gefühle und Stimmungen von anderen aufnehmen können, sie können es! Und da sie es nicht verstehen, schreiben sie es häufig den Gesten und der Mimik anderer zu, um eine Art Begründung zu haben.

Da es vielen Menschen Angst macht, dass sie „durchschaut“ werden könnten, leugnen sie das, was ihnen von hochsensiblen Kindern als „Feedback“ gegeben wird. Aus diesem Grund beginnen viele sensible Kinder mit der Zeit, an ihrer „Wahrnehmung“ und somit an sich selbst zu zweifeln – was ihr Selbstvertrauen enorm schwächt.

UNSER TIPP: SEINEN GEFÜHLEN TRAUEN

Bestärkt euer Kind in seiner Wahrnehmung und darin, dass es nicht notwendig ist, immer begründen zu können, was es wahrnimmt. Sagt ihm, dass es auf sein Gefühl vertrauen soll, auch wenn es nicht von den „Freunden“ bestätigt wird.

Vielleicht erläutert ihr eurem Kind, dass es anderen Menschen manchmal Angst macht, wenn sie merken, dass man hinter ihre Masken schauen kann. Und es darum in solchen Fällen besser ist, seine Beobachtung für sich zu behalten. Es ist ein Drahtseilakt, mit dem auch erwachsene Hochsensible ihre Probleme haben. Oft kommt es zu Missverständnissen im Alltag, weil hochsensible Kinder das emotionale Flair nicht mit den verbalen Aussagen anderer Kinder vereinbaren können. Sie wissen dann nicht, ob das Gefühl, welches das andere Kind in sich trägt, wegen ihnen entstanden sein könnte. Das führt wiederum zu Grübeleien, die sich vermeiden ließen, wenn das hochsensible Kind lernt, nicht alle Gefühle seines Gegenübers auf sich zu beziehen. Die folgende Fabel ist eine Möglichkeit, Kindern diese Problematik zu erläutern.

Eine Geschichte für Kinder: Die Fabel vom kleinen Drachen Lasse

Der kleine Drache Lasse traf auf einem seiner Streifzüge durch die Nachbarschaft seinen Freund, den jungen Fuchs Fabian. Der kam ihm pfeifend entgegen. Doch Lasse kam es trotzdem komisch vor. Irgendetwas stimmte da nicht, zwischen dem, was er sah und dem, was er in sich fühlte.

Er traute sich erst nicht, seinen Freund noch mal zu fragen, wie es ihm geht, nachdem er ihm auf seine Begrüßungsfrage: „Wie geht's dir, ‚alter' Freund?" antwortete: „Was für ein wunderschöner Tag!" Doch da er ihm so wichtig war, fragte er ihn noch mal: „Geht es dir wirklich gut?"

Fabian antwortete nur: „Na klar geht es mir gut, was dachtest du denn? Es ist doch einfach ein schöner Tag heute." Daraufhin drehte er sich um, wünschte seinem Freund Lasse noch einen schönen Tag und meinte nur, er müsse leider eilig weiter.

Lasse stand sprachlos und wie überrollt auf der Stelle und verstand erst gar nicht, wie ihm geschah. Es war ihm, als ob er einen riesigen Stein auf seinen Schultern tragen würde. War das wirklich wahr, was er da gerade erlebt hatte oder träumte er? So kannte er seinen Freund nicht. Und wieso hatte er sich so täuschen können?

Als er sich gerade wieder so weit gesammelt hatte, dass er weitergehen konnte, sprach ihn seine Schulfreundin, die Hündin Elfie an. „Hast du schon gehört, beim großen Fußballspiel ‚Waldhelden gegen Drachentöter' hat dein Freund Fabian beim Elfmeterschießen den entscheidenden Elfmeter danebengeschossen!"

Da fiel dem kleinen Drachen ein riesengroßer Stein von seinen Schultern. Er bedankte sich bei seiner Freundin und rannte schnurstracks nach Hause, um dies seiner Mutter zu erzählen.

Die Tiere und deren Namen lehnt man am besten an gerade aktuelle wichtige Charaktere aus Vorlese-, Hörbüchern oder Lieblingsfilmen an, damit sie für Kinder vertrauter und interessanter werden.

Hochsensible Kinder, ihre Eltern, Erzieher und Lehrer

Jedes Kind profitiert von einer guten Lehrer-Kind- bzw. Erzieher-Kind-Beziehung. Das ist keine Frage. Bei hochsensiblen Kindern kommt noch ein wichtiger Faktor hinzu: Sie spüren auf beeindruckende Weise die allgemeine Stimmung der Gruppe. Herrscht also gerade ein angespanntes Verhältnis zwischen dem Lehrer und der Klasse, kann ein Schüler, der persönlich mit dem Lehrer super klarkommt, extrem leiden und seine Konzentration zu beinahe 100 Prozent verlieren.

Diesen Faktor berücksichtigen viele Eltern nicht, weil sie dieses Phänomen meistens selbst nicht erfahren haben. Sogar ein angespanntes Verhältnis zwischen einem einzigen Schüler und dem Lehrer kann ein hochsensibles Kind aus der Fassung bringen. Oft sind es dann die hochsensiblen Kinder, die nun versuchen, auf irgendeine Weise zu schlichten oder abzulenken.

Es kommt sogar recht häufig vor, dass hochsensible Kinder die Aufmerksamkeit auf sich lenken, indem sie Blödsinn machen oder gar einen „Unfall“ vortäuschen – nur um für eine kurze Zeitspanne die Atmosphäre zu beruhigen.

Ich bin ein Stimmungsbarometer – Erfahrungsbericht

Schon als Kleinkind hatte ich ein ungemein feines Gespür dafür, was um mich herum mental vorging. Das bedeutete für mich, dass ich jede Spannung zwischen meinen Eltern wahrnahm, jede Geste und jedes unausgesprochene Wort aufsog, das von anderen ausging. Das hatte zur Folge, dass mein Gespür oft ganz und gar nicht mit dem zusammenpasste, was man mir gegenüber sprach.

Meine Eltern stritten sehr viel. Ich hatte oft Angst um meine Mutter, die viel verbale Gewalt ertragen musste. Ob diese Gewalt auch körperlich geschah, kann ich nicht beurteilen. Die negative Energie zwischen meinen Eltern übertrug sich eins zu eins auf mein Lebensgefühl in dieser Zeit. Und das, obwohl wirklich immer darauf geachtet wurde, dass ich nichts vom Streiten mitbekam.

Im Kindergarten war ich das sogenannte „Stimmungsbarometer", an dem Erzieher ablasen, wie die Stimmung in der Gruppe war. Ich spürte die kleinste emotionale Schwankung im Raum und fühlte jeden Schmerz, den andere Kinder, wenn diese geärgert wurden, in sich trugen. Auch ungerechtfertigtes Zurechtweisen anderer Kinder durch die Erzieher machte mir „Bauchschmerzen".

Das ging so weit, dass ich zur Kinderpsychologin musste, weil ich immer Bauchschmerzen hatte. Später, in der Schule, litt ich ungemein unter den Spannungen, die zwischen Lehrern und Schülern aufkamen. Wenn Klassenarbeiten ausgeteilt wurden, litt ich nicht nur unter meinen eigenen (schlechten) Noten, sondern auch unter der Angst, die Mitschüler hatten, wenn sie schlechte Noten nach Hause brachten.

Lisa

Warum viele hochsensible Kinder das Autofahren lieben

Viele Eltern von hochsensiblen Kindern berichten, dass ihre Kinder einen ganz speziellen Ort haben, an dem sie richtig gut entspannen können: das fahrende Auto.

Warum ist das so? Nun, im Auto braucht das Kind keine Antennen auf Empfang zu haben. Es kann sich dem monotonen Geräusch und Geschaukel hingeben, welche die meisten externen Sinneseindrücke überlagern, und zudem erinnert es an das beruhigende und geborgene „Schaukeln" im Mutterleib.

Dadurch ist das Auto, auch wenn man es kaum glauben mag, einer der reizärmsten Orte für Hochsensible. Das gilt natürlich nicht für Staus oder Autos, in denen viel geredet oder gar geraucht wird oder wenn es voll besetzt ist.

Die meisten hochsensiblen Kinder genießen sogar richtig lange Fahrten. Wir bekamen in unseren Umfragen immer wieder die Rückmeldung, dass die Kinder geradezu meditativ in ihren Autositzen wirken und die mit viel Liebe geplanten und organisierten Beschäftigungen für die Fahrt gar nicht erst nutzen.

Das Auto ist wie eine Kapsel, die hochsensible Menschen vor Lärm, Emotionen, Temperaturunterschieden und Gerüchen schützt. Nicht selten liest man in Internetforen, dass manche Babys, die viel schreien, im Auto so gut wie immer zur Ruhe kommen und schnell einschlafen. Das Auto wird als Tipp bei Bauch- und Zahnungsschmerzen weitergegeben sowie als Einschlafnotlösung.

Natürlich trifft dies nicht auf jedes hochsensible Kind zu. Das eine oder andere Kind wird auch das Auto mit seinen Motorgeräuschen nicht als angenehm monoton, sondern als nervig und langweilig empfinden.

UNSERE TIPPS FÜR AUTOFAHRTEN

- Es ist hilfreich, den Kindern etwas Zeit zu gönnen, sich an das Auto, seine Gerüche und „Aussichten" zu gewöhnen – das gilt besonders für neue Autos. Zudem kann es nicht „schaden", ihnen ein vertrautes Kuscheltuch oder -tier in die Hände zu geben.
- Nicht zuletzt: Habt Verständnis, wenn es unruhig wird und eine Pause braucht. Die zusätzliche Zeit, die ihr zu Beginn investiert, wird sich später auf jeden Fall auszahlen.
- Wenn das Kind größer wird und keinen Kindersitz mehr braucht, kann es sein, dass es erst einmal eine Eingewöhnungszeit für den Sicherheitsgurt braucht, der dann direkt auf seinem Körper liegt.
- Bei direkter Sonneneinstrahlung ist es sinnvoll, die Fensterscheiben mit dichten Tüchern abzudunkeln.
- Da viele Kinder extrem auf offene Fenster beim Fahren reagieren, ist es für alle entspannter, die Fenster geschlossen zu halten oder auf einen Parkplatz zu fahren, um kurz durchzulüften.

Hochemotionale Situationen

Ihr werdet vielleicht feststellen, dass euer Kind in manchen Situationen total überwältigt reagiert, vor allem wenn viele Menschen zusammenkommen und/oder es festlich wird.

Ein Beispiel: Viele hochsensible Kinder verlieren ihre Fassung, sobald in der Kirche an Heiligabend oder auch bei Hochzeiten das Orgelspiel beginnt. Die Gefühle, die die allermeisten Menschen in diesen Momenten überkommen, wirken potenziert auf das Kind ein.

Die Mimik ist versteinert, das Kind bebt innerlich, es kann nicht mehr reagieren. Das kann einerseits der Overflash der Emotionen von allen Menschen um das Kind herum sein und/oder die Überwältigung durch ihr eigenes Gefühl.

Manche Kinder können die Ladung an Emotionen nicht ertragen und müssen die Situation, so schön sie auch ist, schnellstmöglich verlassen. Das mag auf Außenstehende vielleicht respektlos wirken, ist aber nicht auf die Menschen, die im Mittelpunkt stehen, bezogen.

Das Kind ahnt einfach, dass es einen „Not-Ausknopf" drücken muss, da es sonst unter der „Last der Reize" und Gefühle zusammenbrechen würde.

UNSERE TIPPS FÜR DEN OVERFLASH

Bleibt gelassen und begleitet euer Kind dabei, den Raum, Saal, die Kirche zu verlassen oder zu wechseln. Meistens ist frische Luft und Ruhe in diesem Moment die beste Mischung, dem Kind die ungefilterte Emotionsladung zu nehmen und es innerhalb von wenigen Minuten wieder aufnahmefähig zu machen.

Wenn dies gerade nicht möglich ist, kann ganz sanftes Streicheln mit den Fingerkuppen auf den Armen oder Beinen beruhigend wirken.

Gesellschaftsspiele

Habt ihr auch ein Kind zu Hause, mit dem man absolut keine Gesellschaftsspiele spielen kann? Weigert es sich, mitzumachen oder bricht es diese gerne mal mittendrin ab? Dann möchten wir euch Folgendes sagen: Ihr seid nicht alleine! Die meisten Eltern hochsensibler Kinder beklagen dieses Manko ihres Kindes. Und um nachvollziehen zu können, warum es vielen Kindern so schwerfällt, gemeinsam mit anderen Spiele zu spielen, erklären wir hier kurz die Gründe.

Die Emotionen der Spielenden sind bei Gesellschaftsspielen meistens künstlich extrem geladen. Sie passen absolut nicht zum Grundschema „miteinander Spaß zu haben", denn viele Menschen regen sich innerlich beim Spielen sehr auf und bauen so „nebenbei" den aufgestauten Stress ab. Das Gehirn des Kindes ist dadurch so irritiert, dass es die Emotionen der Mitspieler pur miterlebt. Auch die Konzentration will natürlich beim Spielen aufrechterhalten werden. Diese muss allerdings alle paar Momente den emotionalen Reizen weichen. Und die Spannung, die mit jedem eigenen Spielzug einhergeht, muss auch noch verarbeitet werden.

Alle Reize zusammen überfordern viele Kinder hoffnungslos, und sie entfliehen ihnen, indem sie sich zurückziehen. Sogar dann, wenn sie gerade dabei sind, zu gewinnen.

In manchen Fällen kann euer hochsensibles Kind auch einfach nicht verlieren. Nicht, weil es „immer der King sein will", sondern weil es mit dem Verlieren von Spielen verbindet, versagt zu haben. Dies stellt eine der größten Ängste von hochsensiblen Kindern da.

UNSERE TIPPS: GESELLSCHAFTSSPIELE MEISTERN

Bereitet euer Kind durch einfache Kleinkinderspiele auf Gesellschaftsspiele vor.

Manchmal kann es ratsam sein, euer Kleinkind zu Beginn nur in seinem Spiel zu unterstützen, bevor ihr beginnt mitzuspielen.

Führt euer Kind langsam an Gesellschaftsspiele heran, indem ihr es auf euren Schoß nehmt und ihm die einfacheren eurer Entscheidungen leicht verständlich erklärt und ihm dann immer wieder erlaubt, Züge für euch auszuführen oder Karten für euch zu ziehen.

Hochsensible Kinder im Urlaub

Urlaub heißt für uns Eltern: schöne Orte, Entspannung, Sonne, Meer … Für hochsensible Kinder heißt es zunächst vor allem eines: eine fremde Umgebung, deren Reizskala noch nicht eingeordnet werden kann. Eindrücke prasseln auf das Kind ein. Es weiß noch nicht, welche der Reize ignoriert werden können. Zudem sind meist sehr viele Menschen um es herum, die es nicht kennt, und da kommen natürlich Tausende von Emotionen zusammen.

Flugreisen

Wer mit einem hochsensiblen Kind in den Urlaub fährt, sollte ihm genug Zeit geben, sich vorzubereiten. Ihr könnt zum Beispiel, wenn ihr das erste Mal mit eurem Kind fliegt, diesem zuvor mit Büchern und Videos erklären, welche Geräusche im Flugzeug zu hören sind.

Das Einklappen des Fahrwerkes mit einem Rumpeln und Scheppern, das seltsame Gefühl im Bauch, der Lärm der Turbinen. Alles ist für ein hochsensibles Kind neu und beängstigend. Wenn es aber schon vorher weiß, dass diese Geräusche normal sind und kein Grund zur Sorge besteht, wird es sogar schon gespannt auf diese warten. Es ist dann wesentlich entspannter, wenn es so weit ist.

Als besonders hilfreich haben sich gute Kopfhörer erwiesen, die zusammen mit einem tollen Hörbuch nach dem Start für Ruhe und gleichzeitig Beschäftigung sorgen. Wenn euer Kind sich auf das Hörbuch konzentriert, kann es nicht gleichzeitig alle anderen Reize aufsaugen, die um es herumschwirren.

Wichtig: Sorgt dafür, dass euer Kind viel trinkt! Auch zu essen sollte genug vorhanden sein, denn Hunger und Durst fühlen sich auf Reisen so anders an, dass viele hochsensible Kinder zunächst nicht genau wissen, was sie gerade fühlen. Und sollte das Kind quengelig werden, prüft, ob das einer der Gründe für das aktuelle Unwohlsein sein könnte.

Im Hotel

Im Hotel ist es wichtig, dass euer Kind am ersten Tag Zeit bekommt, mit seinem vertrauten Spielzeug im Zimmer zu spielen. Macht keine großen Ausflüge oder gar ein Sportprogramm am Tag nach der Ankunft, das könnte dazu führen, dass euer Kind seine aufgestauten Reize nicht genug sortieren kann. Es kann dann nicht „ankommen“. Man kann wunderbar zusammen das Hotel erkunden und die Spielecken „beschnuppern“. Mehr Programm braucht es am ersten Tag nicht. Am ersten Abend empfehlen wir, dass die

Familie gemeinsam zur Ruhe kommt. Bleibt nach dem Abendessen auf dem Zimmer und kuschelt euch zusammen. Ihr werdet sehen, die meisten Kinder schlafen so super schnell ein und können dann in ihre Betten gebracht werden.

Auch der Kontakt zu anderen Kindern sollte vom Kind selbst ausgehen. Zwingt euer Kind nicht, sich sofort mit anderen Kindern anzufreunden und mit ihnen zu spielen. Kinder können wunderbar von sich aus in Kontakt treten und tun dies viel natürlicher, als wenn die Eltern im Rücken drängeln.

Das Grundschulalter

Mit der ersten Klasse beginnt für Kinder ein ganz neuer Lebensabschnitt. Doch nicht alle Kinder freuen sich darauf. Gerade für hochsensible Kinder ist der Übergang vom Kindergarten in die Schule purer Stress. Ihr könnt eurem Kind helfen, diese Phase gut zu überstehen und „anzukommen".

In der Grundschule entwickeln sich die Kinder von den getragenen Kindergartenkindern zwangsläufig immer mehr zu Einzelkämpfern. Plötzlich wird man bewertet. Und häufig sind die Schulklassen mit 25 oder mehr Kindern proppenvoll. Da passiert es leicht, dass ein Kind mit seinen Bedürfnissen aus dem Raster fällt. Vor allem, wenn es über Fähigkeiten verfügt, mit denen oft nicht einmal die Erwachsenen etwas anfangen können.

Auf welche Schule soll mein Kind gehen?

Eine alternative Schule – Aus dem Familienalltag

Mein Sohn ist eines der Kinder, die hochsensibel und sehr fantasievoll sind. Nun musste er mit fünf bereits eingeschult werden, die Behörden ließen ihn uns nicht zurückstellen, was für mich damals sehr belastend war. Ich kenne schließlich mein Kind sehr gut. Mir war klar, dass dieser kleine, verträumte Junge an einer staatlichen Schule untergehen würde. In einem Entwicklungsgespräch rieten uns die zwei Gruppenleiterinnen des Kindergartens dann, uns mal die Waldorfschule im Nachbarort anzuschauen. Ich fühlte mich erst wie vor den Kopf gestoßen, da ich mit Waldorfschule bis dahin alles Mögliche verband, was nicht viel mit Unterricht zu tun hat. Also saßen wir ein paar Monate später in der besagten Waldorfschule und bekamen erklärt, wie das pädagogische Konzept dort aussieht. Mir kamen nach zehn Minuten vor Glücksgefühlen die Tränen. Nicht nur, dass man nach der Pädagogik dort berücksichtigt, dass Kinder eigentlich von Natur aus erst mit sieben Jahren so richtig schulreif sind. Auch das Verhältnis des Lehrers zur Klasse und die Methoden, wie man dort das Wissen vermittelt, sind einfach empathischer und liebevoller. Gerade hochsensible Kinder passen einfach sehr gut in das Konzept dieser Schule. Es wird viel Wert auf gegenseitigen Respekt gelegt und darauf, dass man in der Gruppe Harmonie vorfindet. Die Lehrer sind zum einen Respektspersonen, aber auch eine Art Partner der Kinder. Es wird auf jedes Kind gemäß der jeweiligen Entwicklung eingegangen, man arbeitet sehr viel mit der Koordination der Hände, und die Kinder dürfen viel Wissen im wahrsten Sinne des Wortes „begreifen". Nun geht Tim bereits in die dritte Klasse, und während andere Eltern gleichaltriger Kinder von Schulangst und überforderten Lehrern sprechen, ist die Schule für Tim ein Ort der Entfaltung und Freude geworden. Im ersten Schuljahr hat er sich sehr positiv entwickelt, ohne dass er in ein bestimmtes Schülerschema gepresst wurde. Wir sind den Erziehern aus dem Kindergarten sehr dankbar, dass sie uns damals den nötigen Schubser in die Richtung gaben.

Mutter von Tim, 8 Jahre alt

Hochsensible Kinder haben mit ihrer Feinfühligkeit oft Probleme, den Alltag an einer Schule zu überstehen. Dort sind sie oft Lärm, Druck, fehlenden Ritualen und gestressten Lehrern ausgesetzt, was ihre Filter praktisch nonstop überstrapaziert. Für die Eltern ist es oft eine enorme Sorge, wenn sie wissen, dass ihr hochsensibles Kind bald eingeschult wird.

UNSER TIPP: SCHULSYSTEME VERGLEICHEN

Keine Schule gleicht der anderen. Eine Waldorfschule kann an einem Ort ein wahres Bullerbü sein, an einem anderen Ort eine Schule mit alteingesessenen, starren Regeln. Staatliche Schulen können mit Riesenklassen und wenig Personal belastet sein, an anderen Orten ein Traum von Grundschule mit entspannten Schülern und Lehrern.

Deswegen werden wir hier nicht den Tipp geben, eine bestimmte Art von Schule zu bevorzugen. Das oben aufgeführte Beispiel soll aber den Anstoß dazu geben, sich ausführlich mit dem Angebot der Grundschulen im Umkreis auseinanderzusetzen, gerade dann, wenn man ein hochsensibles Kind hat. Man kann oft schon beim Betreten einer Schule das Flair einatmen und spüren, wie dort die Energie ist.

An den meisten staatlichen Schulen sind Lehrer so sehr an Vorschriften und veraltete Methoden gebunden, dass sie weder Zeit noch Wissen oder Kompetenz haben, sich auf jeden ihrer Schüler einzulassen. Das liegt nicht grundsätzlich an den Lehrern als Menschen, sondern vor allem an den Rahmenbedingungen der Institution Schule und der staatlichen Ausbildung zum Lehrer. Kinder werden emotional oft alleingelassen und haben keinen Erwachsenen an der Schule, der die emotionale Atmosphäre in einer Klasse wahrnimmt.

Alternative Schulen sind oft gerade im emotionalen Bezug aktiver eingestellt: Dort ist Harmonie ein wichtiger Baustein der Pädagogik, die Lehrer haben die Freiheiten, die Klasse feinfühlig zu lenken und können sich die Zeit nehmen, auf einzelne Schüler beobachtend und unterstützend einzugehen.

Es gibt viele Alternativen zu der einen Grundschule, der das Kind, je nachdem, wo man wohnt, zugeteilt wird:

- Waldorfschulen
- Montessori-Schulen
- Elterninitiativen, die Grundschulen mit besonderen Konzepten gründen
- Privatschulen

ZU VERMEIDENDE FAKTOREN BEI DER SCHULWAHL

- Zu große Klassen
- Keine Rituale in den Klassen
- Zu wenig verfügbare Lehrer an der Schule
- Schulen, bei denen es voraussichtlich sehr viele Bauarbeiten in den kommenden vier Jahren geben wird
- Schulen, deren Gebäude einen schon abschreckt
- Trostlos eingerichtete Räume
- Keinerlei künstlerisches Fächerangebot (insbesondere bei künstlerisch begabten hochsensiblen Kindern)

Wichtig ist letztendlich, dass gerade hochsensible Kinder sich mit ihren Antennen ernst genommen fühlen und ihre Talente auch im Schulalltag einbringen können.

Nicht zuletzt kann es für einen guten Start eures Kindes in seine Schullaufbahn aber auch entscheidender sein, mit befreundeten Kindern aus dem Kindergarten in dieselbe Klasse zu gehen.

UNSER TIPP: DEM BAUCHGEFÜHL VERTRAUEN!

Hört auf euer Bauchgefühl. Dieses liegt meistens richtig. Wenn der Bauch aus irgendeinem Grund Widerspruch einlegt, horcht intensiv hin, wo genau euer Unterbewusstsein ein Veto einlegt.

Hilfe, mein Kind hat keine Freunde!

Ihr macht euch Sorgen, weil euer Kind im Kindergarten oder in der Schule scheinbar keine Freunde hat? Euer Kind wirkt wie ein Eigenbrötler? Dann bitten wir euch, noch einmal genau hinzusehen:

Kann es sein, dass euer Kind sich von anderen Kindern im Spiel lediglich nicht besonders abgrenzt? Also dass es bloß dieses „Mein Freund – Dein Freund"-Spiel nicht mitspielt? Wir hören oft, dass hochsensible Kinder es nicht fertigbringen, durch das deutliche Aufzeigen von Beziehungen zu Kindern andere auszuschließen. Das wiederum kann bei den Spielpartnern verstörend wirken und den Eindruck hinterlassen, dass das Kind nicht an einer Freundschaft interessiert ist. Um nach einigen Versuchen, „offiziell" Freundschaft zu schließen, geben die anderen Kinder einfach zu früh auf, euer Kind als festen Kumpel zu gewinnen.

Dabei ist es für hochsensible Kinder schlicht unvorstellbar, diese geistigen Schranken aufzustellen. Zudem sind hochsensible Kinder in der Regel mit jedem Kind in der Klasse mental verbunden, denn sie spüren ja zwangläufig relativ viele Emotionen, die andere erst wahrnehmen, wenn sie verbal ausgedrückt werden.

Da diese Wahrnehmung allenfalls Freunden zugestanden wird, wirken die Äußerungen des hochsensiblen Kindes über die Gefühle von anderen Kindern auf viele verwirrend und beängstigend.

Ein anderer Aspekt beim Thema „fehlende Freunde" ist auch, dass viele hochsensible Kinder entweder extrem introvertiert oder extrem extrovertiert ausschlagen. Und beides ist für die anderen Kinder oft schwer zu begreifen, da es sehr anstrengend sein kann, mit solchen Kindern zu spielen. Kinder vermeiden komplizierte Situationen, und somit könnte es passieren, dass euer Kind oft alleine im Raum steht.

Sollte dies der Fall sein, wird es sicherlich förderlich für die Beziehungen zu anderen Kindern sein, mit eurem Kind die Ressourcen, die ihm Halt im Umgang mit vielen Menschen geben, zu üben. Darauf gehen wir später ausführlich ein.

Mobbing

In unseren Befragungen von Eltern hochsensibler Kinder hören wir auffällig viel darüber, dass ihre Kinder sich in der Schule nicht wohlfühlen. Erstrangiger Grund dafür ist in den meisten Fällen, dass die hochsensiblen Kinder schnell durch ihre Andersartigkeit zu Außenseitern werden.

Was bringt die Mitschüler zu solch ausgrenzenden Verhaltensweisen? Nun, in erster Linie sind die Mitschüler schlicht überfordert und wissen nicht, wie sie mit der Sensibilität eures Kindes umgehen sollen. Das hochsensible Kind wird oft zusammenzucken, wenn es drum herum zu laut wird. Es verträgt keine Streitereien, die im gängigen Schullalltag dazugehören. Es verträgt vielleicht auch keine Prüfungssituationen.

Das hochsensible Kind ist oft der Liebling der Lehrer, die es als „Anzeiger“ für die Stimmung in der Klasse nutzen (oft ohne, dass die Lehrer sich dessen bewusst sind) oder einfach froh sind, dass es nicht stört.

Die Unsicherheit, die die Mitschüler im Umgang mit dem hochsensiblen Kind haben, spiegelt sich darin, dass sie es abstrafen, anders zu sein. Sie können das Verhalten nicht einordnen, und das macht ihnen Angst.

Menschen neigen dazu, ihre Mitmenschen, die ihnen ein Rätsel sind, herabzustufen, um sich selber besser zu fühlen. Dies ist bei Kindern noch ausgeprägter, da diese sich noch nicht so extrem kontrollieren können wie Erwachsene. Viele Hochsensible berichten, wenn sie an ihre Schulzeit zurückdenken, von einer Achterbahnfahrt der Demütigungen und Ausgrenzung.

WIE IHR EUREM KIND HELFEN KÖNNT, IN DER SCHULE DEN STRESSTEST „MITSCHÜLER" ZU BESTEHEN

- Selbstbewusstseinstrainings für mehr Selbstbehauptung und -vertrauen. Dies kann auch durch die Ausübung eines sportlichen oder musischen Hobbys gestärkt werden.
- Einladen von Mitschülern nach Hause in die gewohnte Umgebung zum Kennenlernen und Abbauen von mentalen Mauern
- Unbedingt das Einbeziehen der Lehrkräfte: Sprecht mit den Lehrern nicht nur über die Hochsensibilität an sich, sondern informiert diese auch darüber, dass hochsensible Kinder oft dazu neigen, bei lauten Spielen, die der Stärkung der Klassengemeinschaft dienen, mental auszubrennen. Es gibt viele tolle ruhigere und weniger hektische Möglichkeiten, eine Klasse zusammenzuführen.

- Im Anhang findet ihr eine Vorlage für ein Schreiben an die Erzieher und Lehrer eurer Kinder.
- Beobachtet die Mitschüler beim Abholen und Bringen zur Schule. So könnt ihr vielleicht an der Reaktion der anderen Kinder erkennen, ob etwas „in der Luft liegt", und eure Kinder später (zu Hause) darauf ansprechen.

Häufige Bauchschmerzen

Habt ihr ein Kind mit überdurchschnittlich viel Bauchschmerzen? Vielleicht habt ihr mit eurem Kind auch schon einen wahren Ärztemarathon hinter euch, der (zum Glück) ergebnislos blieb.

Es gibt sie wirklich, die Bauchschmerzen, die Therapeuten als „psychosomatisch" bezeichnen. Uns ist das jedoch nicht spezifisch genug, denn Bauchschmerzen, die keine organische Ursache haben, sollte man nicht alle über einen Kamm scheren.

Bei hochsensiblen Kindern kommen übermäßig häufig jene Bauchschmerzen vor, die durch eine Überreizung hervorgerufen werden. Das kann am Essen liegen (Ein starkes Gewürz? Zu viel Fett?), an der Kleidung oder einem einengenden Gürtel (Ist der Hosenbund zu intensiv zu spüren?). Oder sind die Bauchschmerzen durch eine mentale Überreizung hervorgerufen worden? Kann sich euer Kind gerade gut zurückziehen, oder sind die Bauchschmerzen ein Signal des Körpers dafür, dass der Kopf dringend Ruhe braucht?

Wir möchten euch Eltern anstoßen, die Bauchschmerzen ernst zu nehmen, die euer Kind hat. Denn Kinder erfinden sehr selten Bauchschmerzen, sie haben diese in der Regel tatsächlich.

Deswegen nützt auch der Satz „Nun reiß dich mal zusammen" absolut gar nichts. Im Gegenteil, er wirkt sogar meistens als Verstärker für die Bauchschmerzen!

UNSERE TIPPS BEI BAUCHSCHMERZEN

- Fragt euer Kind einfach mal, ob ihm gerade etwas zu viel wird und wenn ja, was. Und überlegt, ob es sein könnte, dass die Umgebung, in der die Bauchschmerzen auftauchen, mit irgendeinem Sinneseindruck überladen ist. Es kann in der Schule zum Beispiel ein Druckgefühl durch zu viel Lärm oder Emotionen sein.
- Auch Sorgen verursachen Bauchschmerzen! Ist gerade ein Thema besonders schwer zu ertragen? Gibt es eine Sache, die eurem Kind Angst macht?
- Wovon hat euer Kind womöglich gerade zu wenig? Ist die Familie gerade im Stress, oder kommen gerade die Kuscheleinheiten für euer Kind zu kurz?

Häufig erschöpft

Viele Eltern berichten uns davon, dass ihre hochsensiblen Kinder ständig müde sind und viel mehr Schaf benötigen als andere Kinder. Das Thema Erschöpfung ist eines der Themen, über die sich beinahe alle Eltern hochsensibler Kinder wundern und sorgen. Offensichtlich brauchen hochsensible Kinder mehr Schlaf als andere Kinder im selben Alter.

Wir haben nachgeforscht und haben mit einigen Therapeuten und Ärzten geredet, die uns ihre Sicht der Dinge dazu mitgeteilt haben. Es ist demnach ein ganz natürlicher Prozess, dass der Mensch, nachdem er ein bestimmtes Potenzial an Reizen über den Tag aufgenommen hat, schläfrig wird. Das Gehirn gibt hier den Ton an, da es sich in einen Modus begeben muss, in welchem die Verarbeitung des bisher Wahrgenommenen ablaufen kann. Die Höhe des Potenzials hängt dabei von der jeweiligen Tagesform des Kindes ab.

Es ist also keineswegs verwunderlich, wenn auch Schulkinder noch regelmäßig nach dem Mittagsschlaf verlangen. Und dass dieser ab einem gewissen Alter nicht mehr nötig ist, halten wir für ein Ammenmärchen. In vielen südeuropäischen Ländern wird zum Beispiel noch immer Siesta gehalten.

Übrigens: Dass ein Kind ständig müde ist, ist natürlich im Allgemeinen ein Alarmzeichen, das mit Sicherheit auch Lehrer, Erzieher und Verwandte besorgt ansprechen. Nicht wenige Eltern hochsensibler Kinder wurden auf mögliche Depressionen bei ihren Kindern angesprochen. Diese Diagnose von Pädagogen und Erziehern zu bekommen, macht erst einmal Angst.

Wir möchten euch daher bitten, euer Kind genau zu beobachten. Ist neben dem für hochsensible Kinder typischen Zurückziehen Schwermut zu erkennen? Hat das Kind erkennbar an Lebenslust verloren? Lacht euer Kind? Wie ist das Essverhalten? Im Zweifelsfalle fragt euren Kinderarzt, der euer Kind bereits lange Zeit begleitet, nach seiner Meinung.

UNSER TIPP: DIE PAUSE NACH DER SCHULE

Wenn euer Kind das Bedürfnis verspürt, sich hinzulegen, redet es ihm nicht aus. Beachtet aber:

Euer Kind sollte in einer reizarmen Umgebung ruhen, bestenfalls im Bett (sofern es ein Kinderzimmer hat, in dem nicht gerade andere Kinder spielen). Auf keinen Fall sollte der Fernseher laufen, denn auch, wenn Fernsehen oft als entspannend empfunden wird, ist es das nicht. Im Gegenteil: Die visuellen und auditiven Reize sind immens, zudem sind immer mehr Filme bereits in der Nachmittagszeit sehr emotional und aggressionsbeladen.

Hochsensibilität und ADS beziehungsweise ADHS

Hier sprechen wir ein Thema an, bei dem sich neben den Eltern inzwischen auch schon die großen Magazine in die Diskussion einbringen: Gibt es einen Unterschied zwischen Hochsensibilität und ADS beziehungsweise ADHS?

Einige Kinder werden offenbar infolge ihrer Überreizung versehentlich in die Kategorie ADS/ADHS eingeordnet. Viele Eltern beschreiben das Gefühl der Machtlosigkeit gegenüber dieser heutzutage schnell vergebenen Diagnose.

Wir haben diverse wissenschaftliche Studien gelesen und einige durchgehend genannte Unterschiede gefunden, die wir hier für euch aufführen.

UNTERSCHIED ZWISCHEN HOCHSENSIBILITÄT UND ADS/ADHS

Ein Faktor spielt in der Unterscheidung zwischen hochsensiblen Kindern und Kindern mit einem Aufmerksamkeitsdefizitsyndrom eine entscheidende Rolle: die Konzentration.

- Kann sich euer Kind generell sehr gut auf seine Tätigkeiten konzentrieren, hat aber in der Schule oder im Kindergarten Probleme durch zu viele Reize? Gibt es Tätigkeiten, bei denen sich euer Kind wirklich hervorragend konzentrieren kann? Dann ist es wahrscheinlich „nur" hochsensibel.
- Kann euer Kind sich jedoch auf nichts konzentrieren, schafft es nicht, eine einzige Tätigkeit ohne Unterbrechung auszuführen, liegt vermutlich ein chemisches Ungleichgewicht im Gehirn vor, dem man durchaus Beachtung schenken sollte. Zu Medikamenten können und möchten wir uns hier nicht äußern. Von mehreren Seiten haben wir jedoch gehört, dass eine Veränderung der Nahrungszusammensetzung sich positiv auswirken kann.

Nimm einmal Alltagssituationen wie das Zähneputzen, Schuheanziehen, ein Buch lesen, von dem euer Kind fasziniert ist. Klappen solche Situationen oft ohne jegliche Probleme? Kann euer Kind sich sogar richtig in einen „Flow" begeben, wenn es einer Lieblingsbeschäftigung nachgeht? Dann hat euer Kind mit sehr hoher Wahrscheinlichkeit keine Aufmerksamkeitsstörung. Natürlich kann das nur ein Arzt beurteilen. Wir stellen hier keine Diagnosen.

Es gibt natürlich auch hochsensible Kinder mit ADS oder ADHS. Und die Ressourcen, die spezifisch für diese Krankheiten gelernt werden können, solltet ihr dann auch auf jeden Fall probieren. Sie werden eurem Kind helfen, seinen Alltag wesentlich leichter zu bewältigen.

Nehmt eine eventuelle Diagnose in diese Richtung nicht zu schwer, wenn sie euer Kind betrifft. Man kann heute sehr gut mit verschiedensten Ansätzen an den Ursachen von ADS und ADHS arbeiten.

Hochsensibilität und Essstörungen

Tischgespräche – Aus Miras Erfahrung

Vor ein paar Jahren hatte ich die Gelegenheit, in einer Klinik für Essstörungen mit Kindern und Therapeuten zu sprechen. Im Gegensatz zu meinem Vorurteil, dass Models und der Zwang, perfekt zu sein, die Gründe für Essstörungen sind, wurde mir hier eine sehr traurige Tatsache klar:

Durch eine sehr kalte Atmosphäre am Tisch wird im Gehirn das Thema Essen mit Stress verbunden. Viele Familien nutzen das Abendessen, um Probleme „auf den Tisch zu bringen". Es wird über Noten gesprochen, über Geld und andere unangenehme Themen.

So fallen also viele Mahlzeiten in stressige Situationen. Das Frühstück fällt oft ganz aus, das Mittagessen wird in der Kantine eingenommen, und dann wird auch noch das Abendessen zu einem „Gemetzel". Wo bleibt hier die Möglichkeit, die Kunst des genussvollen, achtsamen Essens zu praktizieren?

Mira

Eine Statistik über den Zusammenhang zwischen Essstörungen und Hochsensibilität haben wir nicht gefunden, es ist aber öfter ein Thema in Foren.

UNSER TIPP: FAMILIENREGEL FÜR GEMEINSAME MAHLZEITEN

Beim gemeinsamen Essen mit der Familie sollten keine unangenehmen oder belastenden Gespräche geführt werden! Gerade hochsensible Kinder sind wahnsinnig empfindsam und verknüpfen schnell die Gefühle, die am Tisch hin und her gereicht werden, mit der Nahrung.

Führt doch bei euch ein neues Ritual ein: die Kunst des achtsamen Familienessens. Bereitet das Abendbrot gemeinsam zu. Lasst Radio und Fernsehen aus, verbannt alle Handys aus dem Raum. Probiert immer wieder neue Lebensmittel aus. Schaut euch in die Augen. Auch das findet in der heutigen Zeit viel zu selten statt. Schmiedet Pläne für das Wochenende. Und lacht gemeinsam. Das ist wirklich wichtig.

Gefühlsausbrüche

Viele Eltern von hochsensiblen Kindern „beschweren“ sich darüber, dass ihre Kinder sehr plötzlich extreme Gefühlsausbrüche zeigen.

Oft kommen diese Gefühlsausbrüche zudem in Situationen, in denen man auf den ersten Blick als Außenstehender keinen Anlass dafür erkennen kann.

Warum ist Jonas plötzlich so wütend? – Aus dem Familienalltag

Jonas hat uns letztens beim Frühstück völlig von der Rolle gebracht! Wir saßen alle zusammen an einem Sonntagmorgen beim Frühstück, was wir als Familie immer sehr genießen, da wir ansonsten kaum in dieser Konstellation zusammensitzen.

Jonas wollte ein Nutella-Brot essen und erwartete wohl, dass wir es untersagen. Normalerweise gibt es bei uns kein Nutella, aber ein Glas pro Halbjahr gestatten wir. Zu seiner Überraschung reichte mein Mann ihm das Glas ohne Diskussion. Jonas nahm also das Glas und fing genüsslich an, sich sein Brot zu schmieren.

Plötzlich fing er laut an zu brüllen, wir sollen alle aufhören, ihn zu ärgern. Er schmiss sein Brot einmal quer über den Tisch und brüllte, weinte und war so außer sich, wie es glücklicherweise nur selten vorkommt …

Wir waren alle ziemlich sprachlos, da wirklich niemand ein Wort gesagt hatte und wir uns die Situation nicht erklären konnten.

Als Jonas sich beruhigt hatte, beschimpfte er mich und sagte, dass er genau meine Gedanken gespürt habe. Und auch die von seinem Vater.

Offensichtich hatten wir beide innerlich mit uns gerungen, ob wir das toll finden sollten, dass wieder einmal Nutella auf dem Tisch stand. Ich hatte wohl zudem unsere große Tochter fragend angesehen, was Jonas, der extrem sensitiv auf die Gefühle anderer Menschen reagiert, sofort registrierte.

Mutter von Jonas, 8 Jahre alt

Was ist hier passiert? Ein hochsensibles Kind überrascht sein Umfeld häufig damit, dass es auf Gefühle reagiert, die Außenstehende nicht nachvollziehen können. Eltern verstehen dann zunächst die Welt nicht, wenn ihr Kind „aus dem Nichts“ plötzlich ausrastet. Manchmal kommen Eltern im Nachhinein auf den auslösenden Faktor und verstehen, warum ihr Kind so wütend geworden ist, doch das ist bei Weitem nicht immer der Fall!

Hilfreich ist hier, dass ihr gefasst bleibt und nicht auf Gedeih und Verderb nach dem „Fehler“ sucht. Denn auch, wenn ihr diesen gefunden habt, lässt sich an dem Gefühlsausbruch nichts mehr ändern.

In dem Beispiel von Jonas ist es völlig normal, dass Eltern etwas nicht so toll finden wie die Kinder. Und das sollten sich Eltern natürlich auch eingestehen. Dies sollte niemand dem Frieden am Tisch zuliebe unterdrücken. Für Jonas ist es wichtig, dass er lernt, dass es für ihn keine entscheidende Rolle spielen muss, was die Eltern denken, wenn sie etwas erlauben. Das ist ausschlaggebend und sollte an Informationen zum Thema „Nutella“ reichen. Für Kinder ist eine einfache Sprache wichtig. Neben einem „Ja“ oder „Nein“ für das Erlauben oder Nichterlauben sollte Jonas nicht nach mehr Informationen verlangen. Denn Kinder vertrauen ihren Eltern und hinterfragen Entscheidungen nicht. In diesem Fall konnte Jonas seine Antennen noch nicht von seinen Eltern abziehen und musste die innere Regung der Eltern aufsaugen.

Ein „Stoppschild“ kann Kindern helfen, sich abzugrenzen. Jonas könnte zum Beispiel ein oder zwei Stoppschilder malen und diese um seinen Teller herum platzieren. Anstelle von Schildern gehen auch Tiere, wie ein Wachhund oder Ähnliches, die aufpassen, dass keine Reize „unerlaubt“ an Jonas herankommen.

Jonas könnte sich in Ruhe auf sein Frühstück konzentrieren und alle Emotionen an sich abprallen lassen. Das erfordert natürlich Übung und wird nicht gleich alleine mit dem Malen und Auslegen des Stoppsymbols funktionieren, aber nach und nach durchaus. In jedem Fall habt ihr so mit der Zeit eine praktische Möglichkeit, die eurem Kind im Alltag und in der Schule helfen wird.

Hierzu noch eine Anmerkung: In der Schule eignen sich gut Radiergummis, die entweder bereits die Form eines Tieres oder Schildes haben oder auf die man so ein Bild als Symbol aufmalt. Denn Mitschüler sind neugierig und oft irritiert, was das bedeuten soll, wenn plötzlich ein Stoppschild auf dem Tisch ihres Klassenkameraden auftaucht. Diese könnten es in dieser Hinsicht interpretieren, dass es verboten ist, das betreffende Kind anzusprechen, und das würde im schlimmsten Fall zu Ausgrenzung führen. Mit dem Radiergummi hat euer Kind seine Schutzmauer und muss diese nicht erklären.

Der Zahnarztbesuch

Die empfindliche Patientin – Aus dem Familienalltag

Meine Tochter musste letztens wegen eines Lochs in einem bleibenden Zahn zu einer Zahnbehandlung. Bisher war das nie ein Problem, sie hatte auch bis dato keine Angst vor dem Zahnarzt. Bei diesem Termin jedoch hat sie es geschafft, fast aus der Praxis zu fliegen. Der Zahnarzt wollte zunächst ohne eine Betäubung an das oberflächig liegende Loch im Eckzahn. Doch da fing sie schon an zu schreien, als er noch nicht einmal mit dem Bohrer den Zahn berührte, sondern lediglich das Wasser des Bohrers an den Zahn kam. Es war zu kalt, und sie würde den Wind des Bohrers spüren, sagte sie. Der Arzt runzelte die Stirn, aber griff routiniert zur Betäubungsspritze und verließ dann kurz den Raum. Als er wiederkam, war tatsächlich die Backe komplett taub, also konnte man annehmen, dass die Betäubung wirkt. Als der Zahnarzt dann den Bohrer an den Zahn hielt, sprang meine Tochter fast vor Schmerz vom Stuhl. Sie sagte, sie würde noch alles spüren, was der Zahnarzt jedoch nicht glauben wollte, denn er hatte ja die Spritze gesetzt.

Der Arzt hatte keine Chance mehr, in ihren Mund zu kommen und wurde richtig sauer. Als ich fragte, ob man nicht noch einmal nachspritzen könne, fauchte er mich nur an.

Eine Woche später waren wir bei einem anderen Zahnarzt, der allein vom Wesen her schon viel feinfühliger war. Dieser Arzt spritzte wahrlich sechsmal nach, bis meine Tochter nichts mehr spürte, und konnte dann absolut problemlos bohren. Dass es Menschen gibt, die sogar den Wind vom Bohrer spüren, fand er gar nicht lächerlich, sondern plausibel. Wer sensiblere Nerven hat, der spürt auch kleinste Reize, vor allem im sensitiven Mund.

Mutter von Lea, 7 Jahre alt

Hochsensible Kinder sind schon so manchem Zahnarzt aus der Praxis weggelaufen. Neben der Angst vor dem Zahnarzt, die ja viele Menschen kennen, kommt hier die besonders hohe Reizempfindlichkeit hinzu.

Eltern berichten, dass auch andere Behandlungen für hochsensible Kinder äußerst unangenehm sind, etwa das Erstellen eines Kieferabdruckes mit einer Art Knete auf einem Abdrucklöffel, das Pusten mit dem Luftgerät auf einen Zahn, Eis zum Testen der Nerven am Zahn, Kälte generell und das Einsetzen der Röntgenplatten.

UNSERE TIPPS FÜR EINEN STRESSFREIEN ZAHNARZTBESUCH

- Informiert unbedingt den Zahnarzt vorab darüber, dass das Kind extrem reizempfindlich ist! Dann kann sich der Arzt schon auf das sensible Kind einstellen und wird es sanfter und weniger hektisch behandeln.
- Achtet darauf, dass der Zahnarzt eures Kindes sich Zeit nimmt, mit eurem Kind vor der Behandlung in Kontakt zu kommen, und probiert, eine Vertrauensbasis aufzubauen.
- Es ist wichtig, dass er immer vorab in einer kindgerechten Sprache ankündigt, was er gleich machen wird.
- Im Zweifelsfalle lohnt sich ein Wechsel der Praxis.

Perfektionismus bei hochsensiblen Kindern

Wenn Perfektionismus nervt – Aus dem Familienalltag

Meine Tochter ist ein absoluter Perfektionist! Um euch das zu erklären, habe ich ein prägnantes Beispiel: Ihre Schulhefte sind unglaublich sorgfältig geführt. Sie achtet auf regelmäßige Schrift, gerade Linien, akkurate Zeichnungen.

Wehe, es passiert ein einziger Rechtschreibfehler oder ein Abrutschen vom Lineal, dann wird das gesamte (!) Heft neu geschrieben.

Sie erträgt keine optischen Ausreißer im Heft. Das kann so weit gehen, dass sie, sollte sie mal das Schulheft nicht bis zur Folgestunde neu geschrieben haben, den Unterricht nicht erträgt. Sie beschreibt es als „Gehirnjucken", wenn sie weiß, dass da ein Fehler versteckt ist.

Außenstehende würden solche „Fehler" nicht einmal bemerken! Sie macht damit nicht nur sich selber, sondern auch uns Eltern und sogar ihre Lehrer verrückt!

Mutter von Emily, 8 Jahre alt

Dieses Beispiel zeigt ein typisches Verhalten von hochsensiblen Kindern im kognitiven und visuellen Bereich. Oft sind es Kinder, die keine Unordnung ertragen, Flecken in der Kleidung als unerträglich empfinden oder auch bei allem auf dem Esstisch eine gewisse Symmetrie brauchen.

Wir haben Eltern kennengelernt, die ihr Kind auf Autismus testen ließen, da sie diesen Drang nach Harmonie im Erscheinungsbild nicht nachvollziehen konnten. Der Autismus hat sich in diesen Fällen nicht bestätigt.

Aber: Was sollte beziehungsweise kann man als Mutter oder Vater in diesen Fällen tun?

UNSERE TIPPS FÜR KLEINE PERFEKTIONISTEN

- Da sich mit jedem vermeintlichen Fehler im Körper eine Frustration aufstaut, sollte euer Kind unbedingt Energie abbauen können.
- Lasst euer Kind einmal um den Block laufen, die Treppe fünfmal hoch- und runterrennen, seilspringen oder etwas Ähnliches machen. So baut sich Adrenalin im Körper ab, und euer Kind wird sich nach und nach entspannen – auch auf den vermeintlichen Fehler bezogen.

- Überprüft, ob euer Kind eine diffuse (bisher unerklärliche) Wut auf den Fehlerteufel projiziert. Das Ausflippen über kleinste Kleinigkeiten kann eine große innere Unzufriedenheit ausdrücken. Wenn die Innenwelt harmonisch ist, wird die Außenwelt meist auch als harmonischer empfunden.
- Trainiert mit eurem Kind, dass Fehler absolut normal sind und keineswegs nur „menschlich". Zeigt eurem Kind, dass auch in der Natur Fehler vorkommen. Bäume sind meist schöner, wenn sie nicht symmetrisch sind.
- Zeigt ihnen zum Beispiel an einem Computerbild von euch oder ihm, dass selbst Gesichter mit zwei gleichen Seiten nicht so schön aussehen wie etwas unterschiedlichere, auch wenn Ebenmäßigkeit generell als schön empfunden wird.
- Am meisten lernen unsere Kleinen immer noch durchs Nachahmen. Also beobachtet euch selber ruhig immer wieder mal in Bezug auf euren eigenen Perfektionismus und probiert, entspannter mit ihm umzugehen.
- Und vor allem probiert immer wieder, Verständnis für diesen Drang eurer Kinder aufzubringen.

Unverständnis des Umfelds

Und täglich grüßt das Murmeltier – Aus dem Familienalltag

Versteht mich nicht falsch, aber ist das „normal"? Meine Tochter, fast 6, ist hochsensibel. Wenn sie mal fernsehen darf, will sie immer dasselbe schauen. Sie ist nicht offen für Neues. Sogar Sendungen, die sie schon zigtausendmal gesehen hat, zieht sie neuen Kinderserien vor, die auch schön wären.

Überhaupt: Veränderungen gehen ganz und gar nicht. Das nervt mich so!! Sie steht sich so oft selber im Weg!

Mutter von Laura, 5 Jahre alt

Kommt euch diese Situation bekannt vor? Wahrscheinlich kennt ihr auch viele Handlungen im Alltag, die euer Kind auf keine noch so kleine Art und Weise ändern möchte.

Wir lesen oft, dass hochsensible Kinder immer dasselbe Spielzeug wählen, immer die gleichen Geschichten lesen oder hören wollen und am liebsten immer dasselbe essen. Grob kann man die These aufstellen, dass hochsensible Kinder veränderungsresistent sind.

Warum ist das so? Stellt euch einmal vor, in der Luft würden ständig Blätter herumwirbeln, die euch den Blick auf euren Weg versperren, die euch berühren, in euer Gesicht flattern und euch total einnehmen. Ihr wärt in diesem Falle sicher sehr froh, wenn ihr euch an Wänden entlangtasten könntet, die euch vertraut sind.

GEWOHNHEITEN GEBEN SICHERHEIT

Diese festgefahrenen Gewohnheiten sind für euer Kind die Orientierungshilfen im Alltag. Euer Kind braucht diese gleichbleibenden Situationen, um sich in der Welt zurechtzufinden. Sie geben ihnen Sicherheit und Raum, ihre angestauten Reize zu sortieren.

Nehmt diese Eigenschaft hin und stört euch nicht daran. Lasst eurem Kind seine selbsterbauten Mauern und wartet ab, bis es von sich aus Veränderungen einleitet.

„Überlebensstrategien" im Alltag

Was haben geschlossene Spielzeugkisten mit einer Waschmaschine zu tun, und warum ist die Natur so wichtig? Nachdem wir nun jede Menge Situationen und verschiedene Altersklassen betrachtet haben, möchten wir euch gerne das mögliche „Handwertkszeug" für den Alltag mit euren hochsensiblen Kindern vorstellen.

Das perfekte Kinderzimmer

Minimalismus, aber bitte nicht zu kaltherzig

Hochsensible Kinderköpfe verlangen nach einem Raum, der den feinen Antennen Erholung bietet und gleichzeitig dem Kind als Spielzimmer dient. Das sind auf den ersten Blick zwei sich völlig widersprechende Konzepte, und es ist nicht unbedingt leicht, die perfekte Balance zu finden.

Wir empfehlen unbedingt, das Sortiment an Spielsachen immer wieder zu reduzieren. Man liest oft, dass zu viele Gegenstände einem Raum die Energie rauben. In etwa so ist es auch bei hochsensiblen Kindern: Wenn sie ihren Kopf vom Tagesgeschehen befreien wollen, brauchen diese Kinder eine möglichst geordnete Umgebung. Diesen Zustand erreicht man vor allem durch eines: ernsthaftes, regelmäßiges Entrümpeln der Spielsachen, indem man sie für eine gewisse Zeit in einer Kiste verstaut.

Wir wissen selbst, wie schwer es fällt, sich von Stofftieren zu trennen, aber wenn man sich vorstellt, dass ein Kind mit jedem Tier eine Seele verbindet (gerade hochsensible Kinder haben eben diese Fantasie), merkt man schnell, was für eine mentale Last Stofftiere werden können. Eine Handvoll sollte reichen. Die meisten Kinderzimmer in Deutschland beherbergen im Schnitt übrigens 20 Kuscheltiere. Muss das ein Theater in den Kinderköpfen sein!

Zudem hat es sich als sinnvoll erwiesen, sich für einen Hersteller von einer Spielzeugart zu entscheiden. Wenn die Holzeisenbahn zwischen den Plastikschienen gelagert wird, ist das ein Wirrwarr, der das Kind ständig mental sortieren lässt. Uns wurde oft berichtet, dass hochsensible Kinder es auf der Haut juckend spüren, wenn die Schienen diverser Marken durcheinander liegen.

Einen Fernseher empfehlen wir übrigens nicht im Kinderzimmer. Auf keinen Fall sollte ein hochsensibles Kind frei und unbeaufsichtigt über die Nutzung entscheiden können, da diese dazu neigen, sich „vollprasseln“ zu lassen, wenn sie eh schon überreizt sind. Das Gefühl, durch den Fernseher vom Geschehen des Tages abgelenkt zu werden, ist nur kurzfristig befreiend, wirkt sich langfristig aber eher gegenteilig aus.

Geschlossene Kisten, deren inneres Chaos man nicht ständig sehen muss, haben sich als Schnell-aufräum-Methode etabliert, vor allem, wenn diese Kisten auch noch nett aussehen (Farbwahl, Muster auf den Kisten).

Atmosphäre

Neben dem oben beschriebenen Minimalismus muss das Kinderzimmer aber natürlich auch ein freundlicher Raum sein, der Wärme ausstrahlt. Also muss wieder etwas hinein, und zwar Dinge, die zu dem Kind passen.

Neben den aktuellen Lieblingsspielsachen sind das zum Beispiel Girlanden und Mobiles, Poster, Bilder. Allerdings in Maßen, sprich: Man sollte stets viel freie Fläche auf den Möbeln und dem Fußboden erkennen, und auch die Wand sollte mehr freie als behangene Fläche haben.

Umzüge und hochsensible Kinder

Ein Umzug bedeutet: Neufindung. Neuorientierung. Chaos. Fremde Menschen. Das Leben in Kisten packen und alles neu ordnen. Damit euer hochsensibles Kind einen Umzug bedürfnisorientiert übersteht, findet ihr nachfolgend unsere Tipps dazu.

Ein Umzug bedeutet für Kinder eine Neuverankerung der eigenen Wurzeln. Das eigene Zuhause, das Sicherheit und Geborgenheit ausstrahlt, wird verpflanzt. Ein Umzug ist immer eine sehr emotionale Angelegenheit. Deswegen sollte ein Umzug mit Kindern generell mit guter Vorbereitung vollzogen werden. Wir Eltern neigen dazu, anzunehmen, dass das Kind „nebenherlaufen" kann. Unbeabsichtigt fühlt sich das Kind dadurch überwältigt, und vielleicht fühlt es sich im Trubel auch verloren.

Für hochsensible Kinder ist der Umzug noch heftiger als für andere Menschen, da sie die Aufregung, den Stress aller Beteiligten in sich aufsaugen und im Trubel und Chaos kaum eine Möglichkeit haben, sich zurückzuziehen. Es ist also sinnvoll, mit einem guten Plan vorzugehen, und das Kind schon bei der Planung mit einzubeziehen:

Phase 1 (Vorbereitung, Planung)

- Dem Kind erzählen, was geplant ist
- Eventuell den neuen Wohnort besuchen
- Die „VIP-Sachen"* des Kinderzimmers definieren (*Kuscheltiere, Lieblingsbücher, Lieblingsbettwäsche etc.)

Phase 2 (Kisten werden gepackt, ggf. entrümpeln)

- Alle Spielsachen mit einer „Bis bald"-Verabschiedung in Kisten packen

- Kisten vom Kind bemalen/beschriften lassen
- VIP-Sachen noch draußen lassen
- Beim Entrümpeln von alten Sachen das Kind mit einbeziehen
- Wenn möglich, schon einmal mit dem Kind etwas aus dem Kinderzimmer in das noch leere neue Zimmer bringen lassen

Phase 3 („heiße Phase", der Umzug selbst)
- Wenn möglich, das Kind zu Oma/Opa/Freunden geben, um den Stress zu ersparen
- Das Kind beim Weg ins neue Zimmer begleiten
- Dem Kind das Gefühl geben, dass es wichtig und „gesehen" ist
- Ein Einzugsritual, wie ein „Segnen" mit Seifenblasen, durchführen

Phase 4 (das Chaos verebbt, Sachen werden wiedergefunden)
- Dem Kind helfen, das neue Zimmer richtig schönzumachen
- Ein Einzugsfest stärkt noch einmal das „Ankommen" und Verankern.
- Auch Kuscheltiere dürfen ein Fest feiern. ;)

Natur – Die Waschmaschine für Kinderköpfe

Wenn Kinder in der Schule oder im Kindergarten den ganzen Tag lang vielen Reizen ausgeliefert sind, sollte man ihren „Arbeitsspeicher" nicht noch den Abend lang mit Fernsehen oder Computerspielen füttern.

Der Kopf muss die Möglichkeit haben, sich von den Eindrücken des Tages zu erholen, bevor das Kind ins Bett geht. Ansonsten fällt diese Zeit der Speicherbereinigung in die Zeit des Schlafens. Die

Folge: Die Kinder nutzen den Schlaf weniger zum Erholen als zur Datenverarbeitung. Oft haben überreizte Kinder daher sehr intensive Träume oder werden öfter nachts wach.

Probiert mal, mit eurem Kind am Nachmittag einen Spaziergang zu machen. Die Erfahrung zeigt: Die Natur ist der beste Reiniger für überfüllte Kinderköpfe. Euer Kind wird wesentlich „aufgeräumter" in den Abend gehen und hat so den Nachtschlaf zum Erholen.

Kinder dürfen auch mal weinen

Wiederkehrende Heulphase – Aus dem Familienalltag

Meine Tochter hat eine für mich wahnsinnig verwirrende Marotte. Alle paar Wochen bricht sie für eine Viertelstunde in ein Tränentheater aus, das sich gewaschen hat. Sie fängt sogar manchmal dabei an zu hyperventilieren! Auslöser sind meistens die kleinsten Stolpersteine, die der Alltag bietet. Ein Schuh geht nicht gleich zu, die Sonne steht zu grell etc. Mir macht dieses Verhalten Angst, und ich will sie immer gleich trösten. Seit ein paar Monaten habe ich kleine Geschenke im Schrank liegen, die ich ihr dann gebe, wenn wieder diese Phase beginnt. Das hilft meistens sofort, weil ich sie ablenken kann. Wenn ich die Geschenke nicht zur Hand habe, versuche ich, so lustig zu sein, dass sie lachen muss.

Mutter von Amelie, 6 Jahre alt

Eine kurze Analyse dieses Verhaltens: Da ist ein Kind, das offensichtlich einen Stausee an Tränen in sich aufstauen kann. Es ist gut möglich, dass das Mädchen neben eigenen zurückgehaltenen Tränen auch Gefühle anderer Menschen in sich aufstaut. Wir wissen ja, dass manche hochsensible Kinder die Emotionen anderer geradezu aufsaugen. Letztlich ist das Weinen eine Strategie, um die Reißleine zu ziehen und den „Arbeitsspeicher" zu löschen, wenn die Reize einfach zu viel für das Kind sind.

Dieser Stausee zerbricht letztlich wegen Kleinigkeiten, die im Normalfall kein Grund für Tränen sind. Und da der See anscheinend sehr tief ist, ist auch das Weinen sehr heftig und braucht Zeit.

TRÄNEN SIND WICHTIG!

Tränen müssen von uns Erwachsenen ausgehalten werden. Konditioniert man das Kind darauf, bei Tränen Geschenke zu bekommen, wird das Kind auch irgendwann die Tränen nutzen, um Geschenke zu bekommen. Zudem muss ein Kind lernen, dass Weinen erlaubt ist, denn: Weinen ist wichtig!

Kinder weinen auch, um sich mental zu reinigen. Das baut Stress ab und hilft dem Kind, emotionale Lasten loszulassen. Deswegen sollte Weinen nicht unterdrückt, sondern begleitet werden. Trösten ist ein ganz natürlicher Instinkt, hier aber nicht sinnvoll, da man dem Kind nur helfen würde, Gefühle wegzudrücken.

Wenn euer Kind nun in einem panikartigen Weinkrampf steckt, schaut, dass ihr ihm so nahekommt, wie es das gerade zulässt. Wenn möglich, haltet euer Kind in euren Armen.

Wenn es bereits etwas älter ist und um sich schlägt, schaut, dass es sich und euch nicht verletzen kann. Dafür trägt in diesem Fall nicht euer Kind, sondern dafür tragt ihr die Verantwortung.

Bittet es ruhig und bestimmt, so tief wie möglich einzuatmen und den Mund so weit wie möglich aufzumachen. Unterstützt es dabei immer wieder mit einem sanften Streicheln über den Unterkiefer nach unten.

Wenn ihr selbst auch bewusster während dieser Zeit atmet, hilft es euch, entspannter bei dem Schmerz eures Kindes zu bleiben. Sobald euer Kind spürt, dass ihr gelassen bleibt, gewinnt es das Vertrauen, dass es nicht so schlimm ist. Das hilft ihm, auch immer ruhiger zu werden und mehr zu atmen. Mit jedem Atemzug sagt man „Ja“ zum Leben bzw. weiterleben. So begleitet ihr euer Kind und ermöglicht ihm, zu lernen, wie man sich selbst in solchen emotionalen Ausbrüchen hilft. Das braucht euer Kind spätestens, wenn es als Jugendlicher nicht mehr allen Schmerz mit euch teilt.

Pseudo-Langeweile und warum sie gut ist

Die Zeit reizarmer Momente nutzen hochsensible Kinder von Natur aus, um den Bedürfnissen des Kopfes nachzugehen. Hier kann ihr „Computer“ (ihr Kopf) mal einige Programme schließen und die Daten, mit denen er gefüttert wurde, aufräumen. Ihr müsst also euer Kind nicht ständig animieren!

Wenn es mal gelangweilt ausschaut, gebt eurem Kind die Möglichkeit, selbst zu erspüren, was es gerade machen möchte. Diese Momente, die für uns Erwachsenen recht schnell so aussehen, als müsste das Kind sich schrecklich langweilen, sind super dafür geeignet, seine Kreativität freizusetzen.

Die meisten Kinder finden recht bald eine Beschäftigung. Sollte euer Kind innerhalb der nächsten zehn Minuten nichts für sich finden, kann es auch einfach sein, dass es noch etwas Zeit zum Verarbeiten des Tages braucht.

Abgrenzung, eine wichtige Ressource

Egal, ob euer Kind sich vor den Emotionen anderer Menschen oder vor Disharmonien in Gruppen schützen muss, diese Übung hilft allen hochsensiblen Kindern dabei, ihre emotionalen Antennen abzuschirmen. Macht diese Übung ein paarmal in Ruhe mit eurem Kind, damit es diese abrufen kann, wenn es sie braucht.

ÜBUNG ZUM THEMA ABGRENZUNG

Stell dir vor, dass du dich in einer Schutzkugel aus unsichtbarer, super weicher Watte befindest.

Diese Kugel kann ihre Größe und Form jederzeit so verändern, dass du sicher umhüllt und geschützt bist vor allen Reizen, die du gerne verbannen möchtest.

Die Watte schützt dich vor den Gedanken und Gefühlen anderer Kinder und Erwachsener.

Sie lässt nur leichte und liebevolle Gefühle durch und kann dich jederzeit in eine gefühlte Stille versetzen. Du kannst die Watte auch dann, wenn du dich bewegst, mitnehmen. Sie bleibt so lange bei dir, bis du sie bewusst loslässt.

Vertrauen stärken

Die Fähigkeit, die hochsensible Kinder noch mehr als andere Kinder brauchen, ist, ihr Urvertrauen wieder zurückzugewinnen.

Das heißt einmal das Vertrauen in sich selbst, darin, dass ihre Eltern für sie da sind, wenn sie sie brauchen, sowie in das „Leben" an sich.

Ihr könnt das Vertrauen eures Kindes in sich selbst stärken, indem ihr ihm nach euren Möglichkeiten einen Raum schafft, in dem es sich seinem Alter entsprechend frei und sicher ausprobieren kann, wie etwa auf einem altersgemäßen Spielplatz, in einem Raum in oder in einem bestimmten Umkreis um eure Wohnung (Haus), in dem es sich nicht verletzen kann, nichts kaputt machen kann und mit hoher Wahrscheinlichkeit auch nicht verletzt wird.

Dazu ist es sehr wichtig, die Bedürfnisse eurer Kinder ernst zu nehmen, auch dann, wenn ihr sie nicht erfüllen könnt oder wollt. Das macht für alle Menschen, doch insbesondere für Hochsensible, einen großen Unterschied, da sie oft unter ihrer gefühlten Andersartigkeit leiden und häufig das Gefühl haben, nicht gut genug zu sein. Bestärkt sie darin, dass sie allen „Begebenheiten" im Leben gewachsen sind bzw. sein werden und dass es keine falschen Entscheidungen gibt, wenn man diese Erfahrungen nutzt, um sich zu merken, dass etwas so nicht „funktioniert".

Wie ihr eure Kinder unterstützen könnt, auch euch zu vertrauen? Empfangt sie immer wieder liebevoll, auch wenn sie nicht auf euren Rat gehört haben und sich für etwas anderes entschieden haben. Wenn ihr eurer Kind warnt, auf einen wackeligen Stuhl zu steigen, da es dann schnell runterfallen kann, ist es nicht hilfreich, sie anschließend noch zu „demütigen“, indem ihr ihnen vorhaltet, dass sie nur auf euch hätten hören sollen. Dies werden sie umso eher, wenn ihr ihnen Verständnis für ihren Schmerz und ihre Enttäuschung (es nicht geschafft zu haben) schenkt, Halt bietet und falls möglich in oder auf die Arme nehmt.

Streicheleinheiten reinigen die Filter

Eine superleichte Soforthilfe, die fast alle Kinder lieben und die man immer und überall durchführen kann, ist das Kraulen.

Das sanfte Kraulen von Oberarmen und Nacken-/Rückenpartien ist auch sehr hilfreich im Alltag. Zunächst könnte man meinen, dass dies ja wieder Reize sind, die auf die Filter des Kindes einprasseln, und tatsächlich empfindet nicht jedes hochsensible Kind Kraulen als beruhigend.

Dennoch lohnt es sich, es einfach auszuprobieren. Wichtig ist hier, dass es federleichte Berührungen sein sollen. Also eher mit den Fingerspitzen als mit der Handfläche. Ihr wisst sicher, wie man eine Gänsehaut erzeugt. Genau dieses Kraulen ist gemeint. Diese Art Kraulen scheint sich wie ein Balsam auf die überreizten Nerven zu legen, reinigt und schenkt neue Energie.

Meditation – Entspannung für die Kinderseele

Wir stellen euch nachfolgend verschiedene Handwerkzeuge vor, mit denen ihr gemeinsam mit eurem Kind für die nötige Entspannung sorgen könnt. Versteht diese als Möglichkeit für euer Kind, die überfüllten Reizfilter zu leeren und den Ballast des Tages abzuwerfen.

Kinderfreundliche Meditationen

Wir verstehen sehr gut, wenn ihr bei dem Wort Meditation mit den Augen rollen solltet. Wir haben selbst vor unseren ersten Begegnungen mit Kinderyoga nicht geglaubt, dass Kinder sich sogar auf Meditationen freuen können!

Das Wort Meditation bedeutet eigentlich nichts anderes, als dass man durch Anwendung bestimmter Techniken (der Körperhaltung, Atmung, Konzentration, Singen etc.) die Konzentration vollständig auf eine Sache richtet.

Das hat zur Folge, dass der Kopf in diesen Momenten seinen Ballast aussortieren und sich dessen entledigen kann. Das kommt daher, dass wir uns immer nur auf eine Sache intensiv konzentrieren können. Für euer Kind bedeutet dies, dass es sich von allen überschüssigen Reizen, die es über den Tag in sich aufgenommen hat, befreien kann.

Als besonders kinderfreundlich haben sich unter anderem die folgenden Übungen erwiesen:

UNSERE TIPPS: WAS KINDER ENTSPANNT

- Yoga (Übungen findet ihr hier im Buch)
- Fantasiereisen und Meditationen (Anleitungen in diesem Kapitel)
- In einem reizarmen Raum auf dem Boden liegen und nichts weiter tun
- Bewusstes Atmen mit den Eltern
- In der Natur spazieren gehen (bei gutem Wetter)
- Meditatives Malen beziehungsweise Ausmalen (Mandalas)

Viele hochsensible Kinder haben eine stark ausgeprägte kreative Ader. Sie sind voller Fantasie, können die tollsten Geschichten erzählen und erschaffen mit Farbe und anderen Materialien kleine Kunstwerke.

Diese Eigenschaft kann man wunderbar nutzen, um dem Kind die Möglichkeit zu geben, sich „emotional zu reinigen". Die vielen Reize, die am Tag auf ein Kind eingeprasselt sind, können durch kreative Energien abgeladen und sinnvoll transferiert werden.

Auch ein schauspielerisches Talent kann mithilfe von Kuscheltieren bzw. Puppen ausgetestet werden, um zum Beispiel Gespräche/Situationen, die im Kopf hängen bleiben, zu wiederholen und so loszulassen.

Am besten sind Papier und Farbe immer griffbereit, damit die Kinder von sich aus loslegen können, sobald sie das Bedürfnis haben zu malen. Aber auch Knete, Bastelmaterial, Ton und auch Straßenmalkreide sind hervorragende Materialien.

Nicht zu vergessen sei hier die Musik. Über Musik kann man sich sehr gut ausdrücken. Musik ist Emotion. Und Kinder können wunderbar improvisieren, sie sind noch viel mehr verbunden mit den Harmonien der Musik.

Sollte euer Kind gerne tanzen, ist auch dies eine tolle Möglichkeit. Lasst euer Kind sich „freitanzen". Es darf selbst die Musik wählen und niemand sollte zuschauen. Sonst ist es den meisten Kindern zu peinlich, einfach der Energie nachzugehen, ohne vorher festgelegte Schritte. Kreativität hilft dem Kind, seine Eindrücke zu verarbeiten.

! WOHIN MIT DEM PERFEKTIONISTEN?

Das Kind sollte seinen Perfektionisten unbedingt bei dieser kreativen Arbeit einpacken und auf keinen Fall herauslassen. Gebt doch dem Perfektionisten in eurem Kind einen Namen und macht euch zusammen einen Spaß daraus, immer wieder „XY" in die Pause zu schicken.

Zum Thema „Perfektionismus" haben wir im Kapitel „Hochsensibilität im Grundschulalter" ein paar weiterführende Informationen.

Wenn euch und euer Kind eine der nachfolgenden Meditationen anspricht, lest sie ihm in einem ruhigen und etwas abgedunkelten Raum langsam und betonend vor. Setzt dabei zwischendurch immer wieder kurze Pausen.

Meditation „Kopf frei"

Das Kind sollte gemütlich sitzen oder liegen.

Schließe deine Augen und atme ganz entspannt ein paarmal ein und aus. Du bist ganz ruhig und entspannt.

Nun stell dir vor, du würdest an einem Bach entlanggehen. Du hörst das Plätschern des Wassers und das Glucksen von kleinen Strudeln. Der Bach plätschert über große und kleine Kieselsteine, ist dabei ganz frei in seiner Bewegung. Die schweren Steine machen ihm gar nichts aus.

Auf deinem Weg entdeckst du auf einmal genau solche Kieselsteine, wie du sie im Bach gesehen hast. Du nimmst einen dieser Steine in deine Hand und fühlst, dass er ganz rund und angenehm kühl ist. Seine Oberfläche glänzt richtig, so glatt ist der Stein. Auf einmal bekommst du Lust, den Stein in das plätschernde Wasser zu werfen. Und du schmeißt ihn beim nächsten Ausatmen in den Bach. Als der Stein im Wasser landet, spürst du, wie du dich plötzlich leichter und befreiter fühlst. Du nimmst nun noch einen Kieselstein und wirfst auch diesen in das Wasser.

Und wieder spürst du, wie die anstrengenden, angestauten Gefühle in dir weniger werden. Du spürst einen leichten Wind über deine Haut streifen und bekommst eine Gänsehaut.

Du kannst nun noch so viele Kieselsteine ins Wasser werfen, wie du möchtest. Lass solange deine Augen geschlossen und atme immer dann, wenn du einen Stein wirfst, aus.

Wenn du dich leicht und entspannt fühlst, fange ganz langsam an, deinen Körper wieder zu bewegen. Strecke dich lang aus und hole einmal ganz tief Luft. Und dann öffne deine Augen wieder und genieße die neue Leichtigkeit.

Meditation „Windstreicheln"

Das Kind sollte gemütlich sitzen oder liegen.

Schließe deine Augen und atme ganz entspannt ein paarmal ein und aus. Du bist ganz ruhig und entspannt.

Nun stell dir vor, dass du an einem See am Ufer im Sand liegst. Du machst hier eine Pause und hast dir eine Decke ausgebreitet, auf der du nun liegst. Am Himmel über dir siehst du ein paar Wölkchen, die sich einfach vom Wind, der dort oben weht, tragen lassen.
Auch um dich herum weht ein ganz leichter, warmer Wind. Du spürst, wie er an deinem Kopf auf dich trifft, und vom Kopf am Körper entlang bis zu deinen Füßen streift.
Das kitzelt ganz wunderbar leicht und du spürst, dass du dich vollkommen entspannst. Der Wind sieht, dass du es genießt, von ihm gekrault zu werden und weht immer weiter sanft über dich hinweg. Du fühlst dich herrlich befreit, dein Kopf wird ganz leer und dein Atem wird ganz gleichmäßig. Du wirst selbst ganz leicht. Und so langsam spürst du, dass du vom Wind in die Luft gehoben wirst. Du wirst vom Wind sicher und geborgen getragen und lässt alle Anspannung von dir in Richtung Erde fallen.

Ein paar Momente tanzt du so durch die Luft.
Der Wind streicht dabei die ganze Zeit immer weiter sanft und leicht an deinem ganzen Körper entlang und streift alle Last von dir ab.

Nun merkst du, dass der Wind dich ganz vorsichtig wieder auf deiner Decke ablegt und noch ein wenig an dir entlangstreicht. Wenn du dich ganz befreit von allen Gefühlen und Lasten fühlst, lässt der Wind langsam nach und verabschiedet sich mit einem kleinen Wirbel von dir.

Fange nun ganz langsam an, deinen Körper wieder zu bewegen. Strecke dich lang aus uns hole einmal ganz tief Luft. Und dann öffne deine Augen wieder und genieße die Leichtigkeit, die dich nach wie vor umgibt.

Imaginations-Meditation „Dein Krafttier"

Das Kind sollte gemütlich sitzen oder liegen.

Schließe deine Augen und atme ganz entspannt ein paarmal ein und aus. Du bist ganz ruhig und entspannt.

Stell dir vor, du gehst gerade über eine herrlich grüne Wiese spazieren. Du spürst, wie das hohe Gras an deinem Körper kitzelt und gehst etwas langsamer, da du in ein paar Metern Entfernung ein großes buntes Ei entdeckst. Du gehst in Richtung des Eis und siehst, dass es ab und zu etwas wackelt. Aus dem Ei kannst du ein lustiges Geräusch hören, das sich so anhört, als ob ein Tier lachen würde. Das Lachen wechselt sich mit einem Murmeln ab, welches zusammen mit einem leisen Knacken der Eierschale zu hören ist. Ganz langsam entfalten sich symmetrische Risse über

die gesamte Eierschale, und nach ein paar Minuten entdeckst du das erste Löchlein, durch das auf einmal ein niedliches Köpfchen herausguckt.
Das Tier schaut dich an und spricht dich mit liebevoller Stimme an und bittet dich, ihm dabei zu helfen, aus dem Ei zu schlüpfen.
Du ziehst an einer Seite des Eis, und gemeinsam schafft ihr es, die Eierschale komplett zu öffnen. Zum Vorschein kommt ein Tier, das so unfassbar sanftmütig und lieb aussieht, dass du es direkt voller Freude umarmen möchtest.
Sobald du das Tier im Arm hältst, spürst du, dass es leise vor Glück schnurrt und sich herrlich warm anfühlt.
Um dir das Tier genau anzuschauen, gehst du nun ein paar Schritte zurück. Was genau siehst du?

- *Was für eine Art Tier siehst du vor dir?*
- *Wie groß ist das Tier?*
- *Hat es ein Fell, Federn oder eine Haut?*
- *Welche Farbe hat das Tier?*
- *Wie sehen die Augen aus?*

Das Tier spricht dich mit deinem Namen an und sagt, dass es nur für dich aus dem Ei geschlüpft ist. Es hat bisher in dem Ei geschlafen und genau auf dich gewartet. Denn es ist ein Kinder-Schutztier. Und jedes Schutztier gehört zu genau einem Kind.
Dein Tier erklärt dir, dass nur du in der Lage bist, es zu sehen und zu hören. Und es erklärt dir, dass es ab jetzt immer in deiner Nähe ist, um auf dich aufzupassen und dein Freund zu sein.

- *Wie hört sich die Stimme des Tieres an?*

Das Tier stupst dich noch einmal ganz sanft mit seiner Nase an und schaut dir in die Augen. Du siehst in diesen schönen Augen, dass dein Schutztier sehr sanft und freundlich ist.
Wenn du möchtest, kannst du dein Schutztier jetzt in den Arm nehmen und kuscheln oder, wenn es ein größeres Tier ist, dich auch von ihm in den Arm nehmen lassen.

- *Überlege dir einen Namen für dein Schutztier. Der Name muss dir nicht jetzt sofort einfallen, du kannst auch ein paar Tage nachdenken. Manche Schutztiere verraten ihren Namen auch ihren Freunden, du kannst es gerne fragen, ob es schon einen Namen hat.*

Nun verabschiedest du dich erst einmal von deinem Schutztier. Es wird jedoch immer in deiner Nähe sein, du kannst es dir jederzeit vorstellen, dann ist es sofort bei dir, um dir zu helfen.
Jetzt strecke dich einmal ganz aus und gähne, wenn du magst. Atme tief ein und ganz tief wieder aus und öffne deine Augen. Nun kannst du noch ein bisschen entspannt liegen oder sitzen bleiben, wenn du magst.

Yogaübungen zur Reinigung des Kopfes

Yoga ist gerade für hochsensible Kinder eine wundervolle Erfahrung, denn im Yoga verbinden sich mentale Entspannung und das Konzentrieren auf Körperhaltungen (Asanas). Durch diese Kombination ist der Kopf hochsensibler Kinder zum einen vor Reizen geschützt, er kann aber auch einfach „abschalten", während man die Asanas hält. Die Konzentration auf den Körper verhindert Grübeln, Gefühlsachterbahnen hören auf zu kreisen, und der Kopf darf seine Antennen einfahren, sofern die Übungen an einem vertrauten Ort ausgeübt werden. Yoga muss nicht in einer Gruppe ausgeführt werden. Es ist aber empfehlenswert, wenn das Kind Spaß daran hat und mehr als die folgenden einfachen Übungen lernen möchte. Denn Yoga ist ruhig, es wird in der Gruppe kaum gesprochen und man lernt, sich auf sich selber zu konzentrieren. Zudem lernen die Kinder in den Yogaklassen, dass Perfektionismus nicht immer und überall gefragt ist. Im Yoga geht es nie darum, eine Übung besonders „schön" oder perfekt zu können, sondern das Atmen mit dem Körper in Harmonie zu verbinden.

Wir empfehlen nicht, Yogakurse aus dem Internet oder von DVDs für Kinder zu nutzen, weil ein Yogalehrer, der real und anwesend ist, die Ausübung der Asanas sieht und Fehlhaltungen korrigieren und jederzeit Hilfestellung geben kann.

Was braucht ihr zum Üben der folgenden Yogahaltungen? Ganz einfach: einen weichen Boden oder eine Yogamatte. Es reicht aber vollkommen ein Teppich oder eine Wolldecke.

Jede Haltung sollte zwischen zwei und fünf Minuten gehalten werden. Während euer Kind in der Pose ist, könnt ihr ihm den jeweils beigefügten Text vorlesen, später kann euer Kind die bildlichen Inhalte selbst im Kopf ergänzen.

Die Affirmationen sollen das Kind mental stärken. Es ist wissenschaftlich bestätigt, dass die Gedanken, die wir immer wiederholen, sich eigene Wege im Gehirn bahnen und so früher oder später für den Menschen eine Tatsache und nicht mehr bloß Gedanken sind. Diese positive Wirkung nutzen wir, um das Selbstbewusstsein zu stärken.

Die Haltung des Kindes

Die „Haltung des Kindes“ ist eine beruhigende und entspannende Übung: Sie entlastet Augen, Nerven, Hirn, Atem und den Geist, baut Stress ab und hilft gegen Müdigkeit, Schwindel und Kopfschmerzen.

Ausübung:
Lass dein Kind auf seine Hände und Knie auf den Boden kommen. Anschließend senkt dein Kind beim Ausatmen den Po zu den Füßen, den Oberkörper auf die Oberschenkel und den Kopf zwischen die Oberarme. Der Rücken soll schön rund sein, der Po muss nicht die Füße berühren! Er kann in die Luft ragen, die Hauptsache ist, dass dein Kind sein Gewicht auf dem Boden ablegen kann.

Affirmation zu dieser Übung:
„Ich bin verbunden mit der Erde und den Wurzeln dieser Welt. Mein Kopf liegt leicht und entspannt auf dem Boden, der die Welt umarmt. Ich gebe alles Schwere aus meinem Kopf an den Boden ab und bekomme eine angenehme Leere zurück.“

Die Glückliche-Kind-Haltung

Diese Übung beruhigt das Gehirn und entspannt den Geist. Dein Kind soll sich komplett in das „Babysein“ hineinversetzen, sich frei von Verantwortung fühlen (zum Beispiel von der Verantwortung, wie es anderen geht).

Ausübung:
Dein Kind liegt zunächst auf dem Rücken und atmet mehrmals tief ein und aus. Bei der nächsten Ausatmung streckt es beide Beine nach oben und umfasst die Füße mit den Händen.

Affirmation zu dieser Übung:
„Ich bin ein Kind. Ich darf einfach Kind sein. Ich übernehme nicht die Verantwortung dafür, wie es anderen geht. Ich sorge gut für mich und schütze mich vor den Gefühlen der anderen Menschen, dem Lärm und allen schlechten Gedanken und Eindrücken, die mich belasten.“

Der Schustersitz

Diese Übung hilft gegen Müdigkeit, Bluthochdruck, Stress und schlechte Laune.

Ausübung:
Dein Kind setzt sich aufrecht auf die Matte und streckt erst einmal die Beine gerade vor sich aus. Nun zieht dein Kind die Füße nacheinander mit gebeugten Knien so weit an, dass sich seine Fußsohlen berühren. Die Knie zeigen nach außen und so weit wie möglich Richtung Boden. Es sollte nicht in den Beinen wehtun, denn es soll entspannend wirken und nur minimal dehnen. Nun lass dein Kind die Knöchel mit den Händen umfassen.

Affirmation zu dieser Übung:
„Mein Körper ist ausgeglichen und entspannt. Jede Seite meines Körpers, jedes einzelne Körperteil, jeder Zentimeter in mir ist ganz ruhig und nimmt wahr, wie ein Licht durch meine Arme und den Körper gleitet. Dieses Licht macht meinen Kopf ganz leicht und streift ganz sanft über meinen Rücken, bevor es wieder durch die Arme in die Füße und den Rest des Körpers gleitet."

Der Krieger

Der Krieger ist eine stehende Yogaübung, hier haben wir den „Krieger I“ (es gibt drei Varianten) ausgewählt, da er das Gefühl von Schutz und Kraft unterstreicht. Die Schwerter (symbolisiert durch die Arme) werden kraftvoll über die Erde nach oben gestreckt. Es geht darum, sich zu überwinden und über sich selbst hinauszuwachsen.

Ausübung:
Diese Yogaübung beginnt im Stehen. Dein Kind stellt die Füße schulterbreit auf.

Nun stellt es den linken Fuß nach vorne und dreht den hinteren Fuß um 45°–60° nach rechts aus.

Die Hüfte und Schultern sind nach vorne ausgerichtet.

Bei der nächsten Einatmung streckt dein Kind die Arme gerade und parallel nach oben, die Schultern bleiben bewusst entspannt unten.

Bei der nächsten Ausatmung verlagert dein Kind sein Gewicht auf das vordere Bein, sodass das Knie über der Ferse ist. Nun soll dein Kind prüfen, ob es stabil steht.

Affirmation zu dieser Übung:
„Ich bin stark und geschützt. Was um mich herum geschieht, nehme ich zur Kenntnis und lasse es gleich wieder los. Mich bringt nichts aus der Fassung. Ich kann alles erreichen und bin voller guter Energie. Ich achte gut auf mich und meine Bedürfnisse.“

Was können Eltern für sich tun?

Kleine Auszeiten vom Elternsein nehmen

Spätestens kurz vor der Geburt gewinnt die „Rolle“ des Mutter- beziehungsweise Vaterseins eine immer größere Bedeutung. Das bedeutet auch, dass die Zeit, die man sich für sich und seine eigenen Bedürfnisse nimmt, immer weiter hinten angestellt wird. Das ist zu Beginn auch sehr wichtig, und den meisten Eltern fällt es in dieser Zeit auch sehr leicht. Doch nach und nach melden sich die zurückgestellten Bedürfnisse nach Zweisamkeit, Treffen mit seinen Freunden und auch nach Alleinsein.

Es ist wichtig, diese Bedürfnisse ernst zu nehmen, denn wenn wir sie zu lange zurückstellen, werden wir immer unzufriedener und leichter reizbar. Was es für uns nicht gerade leichter macht, für das uns häufig unverständliche Verhalten unserer hochsensiblen Kinder Verständnis aufzubringen.

Und auch an den anderen Familienmitgliedern prallt unsere Gereiztheit nicht einfach so ab, und so schaukelt sich unsere Unausgeglichenheit immer weiter hoch, bis es irgendwann zu einem offenen Streit kommt. Dieser gleicht dann oft einer Explosion, weil wir so viel Frust in uns aufgestaut haben.

Achtsamkeit

Achtsamkeit ist – auch wenn es zurzeit ein „Mode-Ding“ ist und einem der Begriff manchmal zu den Ohren rauskommt – eine ganz wichtige „Haltung". Zu Beginn möchten wir eine Definition von Achtsamkeit voranstellen, die die Bedeutung im Umgang mit hochsensiblen Kindern sehr schön verdeutlicht.

DEFINITION „ACHTSAMKEIT"

Achtsamkeit ist eine Qualität des menschlichen Bewusstseins, eine besondere Form von Aufmerksamkeit. Es handelt sich dabei um einen klaren Bewusstseinszustand, der es erlaubt, jede innere und äußere Erfahrung im gegenwärtigen Moment vorurteilsfrei zu registrieren und zuzulassen.

Quelle: DFME – Deutsches Fachzentrum für Achtsamkeit

Stellt sich nun die Frage, wie ihr es schafft, achtsam zu sein. Der Sinn des Achtsamseins besteht darin, mit unserer Aufmerksamkeit bei dem zu sein, womit wir uns gerade beschäftigen – so gut, wie es uns gerade möglich ist. Es gibt mehrere Möglichkeiten, wie ihr dies in euren Alltag integrieren könnt.

Eine besteht darin, immer wieder euer eigenes Tempo in eurem Tun zu finden. Dies ist zumindest eine Voraussetzung dafür, bei euch zu sein. Jenes gelingt recht leicht, beim Gehen, indem ihr immer wieder mal schneller geht und dann wieder langsamer werdet, um euch so auf euer derzeit „richtiges" Tempo einzuschaukeln.

Eine weitere Chance besteht beim Essen, indem ihr immer wieder probiert, lange und ruhig zu kauen und dafür sogar immer wieder mal das Besteck beiseitelegt.

Verbundener Atmen

Der Atem stellt auch eine Möglichkeit dar, in ein achtsames Bewusstsein zu gelangen. Eine Atemmethode, die sich besonders dafür eignet, ist die des „verbundenen Atems". Es ist eine Art Meditation, die ihr überall und jederzeit mit offenen Augen ausüben könnt. Beim Singen atmet übrigens jeder Mensch automatisch auf diese Weise. Deshalb ist Singen tatsächlich auf physische Weise gesund. Im Prinzip ist es ganz einfach, auch ohne Gesang verbunden zu atmen:

Es schließt sich an die Einatemphase nämlich direkt die Ausatemphase an (man macht keine Pause, in der man die Luft anhält) und an diese wiederum dann ohne Pause das nächste Einatmen. Dabei geht es darum, die Luft beim Ausatmen so gut wie möglich „fallen zu lassen" und nicht zu stoßen. Denkt hier daran, dass der Körper zum Ausatmen keinerlei Kraft aufbringen muss, da die Luft von ganz alleine hinausweicht, wenn sich das Zwerchfell entspannt.

Das ist am Anfang vielleicht etwas schwierig umzusetzen, weil wir oft so an die Pause zwischen den Atemzügen gewöhnt sind, dass es sich zunächst nur mit viel Konzentration umsetzen lässt. Aber: Übung macht den Meister. Dabei geht es nicht unbedingt darum, über eine sehr lange Zeit verbunden zu atmen, sondern immer wieder bewusst verbunden zu atmen.

! WARUM RICHTIGES AUSATMEN SO WICHTIG IST

Das Ausatmen entspricht einer Art „Auszeit" vom Leben und Denken und dient somit der Entspannung von Körper und Geist.

Diese Atemübung bietet sich auch für eure hochsensiblen Kinder an. Wenn ihr eure Kinder, sobald sie gerade überreizt sind, animiert und anleitet, so zu atmen und vor allem gut einzuatmen, könnt ihr sie damit leicht und relativ schnell wieder beruhigen. Dabei haltet ihr sie je nach Alter und Möglichkeit in euren Armen. Ein Schnaufen sollte dabei nicht zu hören sein. Denn Schnaufen bedeutet pressen, also den Atem hinauspressen.

Den Kopf freibekommen

Neben regelmäßigem Sport und Yoga bieten vor allem schweigsame Spaziergänge in einer besucherfreien Natur die Chance, immer wieder den Kopf frei zu bekommen, zu entspannen und bei uns anzukommen. Ab und zu sollten wir Eltern auch alleine spazieren gehen. Denn nur, wenn man alleine ist, achtet man nicht ständig auf die anderen Menschen, die einen begleiten, und kann seine eigenen Antennen auf Entspannung schalten.

Auch ihr Eltern von hochsensiblen Kindern braucht das. Und vielleicht seid ihr ja selbst auch hochsensibel – dann müsst ihr erst recht auf euch achten.

Frieden mit unserem inneren Kind schließen

Das innere Kind steht für unsere in der Kindheit geprägte „Gefühlswelt“. Das innere Kind steht dabei als Bild für die unterschiedlichen Gefühle, die wir in unserer Kindheit in verschiedensten schönen, aber auch beängstigenden, traurigen oder traumatischen Situationen hatten.

In vielen dieser Situationen wurden wir vielleicht als Kind mit unseren Ängsten oder unserem Schmerz nicht ernst genommen oder fühlten uns zumindest so. Als Kind stärkt solch eine Erfahrung, vor allem wenn sie sich wiederholt, die Überzeugung, nicht okay und somit nicht liebenswert zu sein.

Die Häufigkeit ähnlicher Erfahrungen sowie das vorhandene „Gegengewicht" von Überzeugungen in die genau andere Richtung (zum Beispiel „Ich werde geliebt, wie ich bin") prägen die Auswirkungen solcher Muster in unserem heutigen Leben.

Eine typische Überzeugung, die nun schon in vielen Generationen wirkt, lautet: „Indianer kennen keinen Schmerz."

Glücklicherweise hat sie in den letzten 20 Jahren an Gewicht verloren, nichtsdestotrotz sind solche Sprüche noch immer in unseren Köpfen und werden, wenn auch nicht immer beabsichtigt, weitergegeben.

UNSERE KINDER SIND UNSERE SPIEGEL

Hochsensible Kinder bringen ihre Eltern häufig noch heftiger und näher an deren verdrängte Gefühle als andere Kinder. Sie spiegeln oft genau die „wunden Punkte" schonungslos wider, an denen wir Eltern Bearbeitungsbedarf haben.

Das, was hochsensible Kinder am meisten von ihren Eltern brauchen, ist Verständnis für ihre Gefühle und Schwierigkeiten, die ihre Informationsüberflutungen bei ihnen auslösen. Hierzu ist es hilfreich, den Begriff Verständnis in unserem Sinne zu definieren, denn oft wird der Begriff „Verständnis“ mit Verstehen und Übereinstimmen in Verbindung gebracht und nicht selten gleichgesetzt.

Wir sehen Verständnis mehr mit **Vertrauen** verbunden. Und wenn jemand uns sagt oder auf andere Art und Weise zu verstehen gibt, dass ihm etwas Angst oder ihn traurig macht, dann gilt es dies so anzunehmen, unabhängig davon, ob wir dies gerade aus unserer Erfahrung heraus und von unserem Wissensstand aus betrachtet nachvollziehen können oder nicht, sondern einfach, weil wir ihm vertrauen.

Viele Eltern können die Angst vor Gespenstern unter dem Bett noch aus ihrer eigenen Kindheit nachvollziehen und reagieren in diesen Situationen in der Regel noch verständnisvoll. Doch wenn ihr Kind bei der Begrüßung durch einen nahen Verwandten einen Schreianfall bekommt, fällt es vielen schon deutlich schwerer. Was nicht zuletzt daran liegt, dass wir uns in diesen Situationen häufig für das Verhalten unserer Kinder schämen – aus Angst, dass die betroffene Person es nicht verstehen wird und es uns Eltern möglicherweise als Mangel an guter Erziehung vorgeworfen wird.

UNSERE EMPFEHLUNG FÜR EUCH ELTERN

Lasst euch von euren Kindern auf den Weg zu euren verdrängten oder vergessenen Gefühlen führen. Sie tragen den Schlüssel dazu in ihren Herzen.

Kopiervorlagen

Informationen für Erzieher/Betreuer von hochsensiblen Kindern

Was ist Hochsensibilität?

Hochsensible Menschen haben entscheidend feinere Antennen für die Reize ihrer Umgebung als andere Menschen. Das bedeutet, dass sie ständig wesentlich mehr Informationen ungefiltert empfangen und dann auch verarbeiten müssen. Das führt dazu, dass hochsensible Menschen schneller überreizt sind und sich öfter auf irgendeine Art zurückziehen, um sich zu regenerieren.

Ist Hochsensibilität eine Krankheit/Störung?

Nein. Hochsensibilität ist keine Krankheit, es gibt auch keine ICD-Kennzeichnung für sie. Wenn man es einordnen möchte, dann trifft es Begabung eher. Eine Begabung, die manchmal sehr anstrengend und belastend für die Betroffenen und deren Umfeld ist.

Aus: Mondstein, Wallow „Alle Antennen auf Empfang", humboldt 2018, ISBN 978-3-86910-641-0

Wie soll ich mich als Erzieher verhalten, wenn ein hochsensibles Kind besondere Reaktionen zeigt?

Zunächst ist wichtig, dem Verhalten nicht eine Art von Hysterie oder Schauspielerei zuzuschreiben. Im Idealfall geben Sie dem Kind die Möglichkeit, sich zurückzuziehen, um die Überreizung zu verarbeiten.
Bei ausfallenden Reaktionen sollten Sie ruhig bleiben und dem Kind auch hier die Möglichkeit geben, sich zurückzuziehen, um aus der Spirale der Überreizung herauszukommen.
Natürlich muss auch ein hochsensibles Kind lernen, dass gewisse Arten von Ausflippen nicht erlaubt sind: Hauen, Beißen und zerstörerische Kräfte müssen umgelenkt werden.
Rituale und Regeln sind vielen hochsensiblen Kindern extrem wichtig, sie geben ihnen Sicherheit und Stabilität im Alltag.
Hochsensible Kinder zeigen in der Tat manchmal Verhaltensweisen, die Erwachsene zunächst irritieren, vor allem dann, wenn sie eine Verantwortung gegenüber dem Kind tragen:

Mögliche Verhaltensweisen eines hochsensiblen Kindes

- Plötzliches Zurückziehen des Kindes aus der Gruppe
- Regungsloses Herumstehen/-sitzen und Sprachlosigkeit, vor allem wenn eine neue Situation eintritt (wird oft mit Apathie verglichen, ist aber keinesfalls damit gleichzusetzen)
- Extreme Abwehrreaktionen auf Spiele/Stoffe/Musik/Menschen, die auf den ersten Blick nicht erklärbar scheinen
- Bei einer zu heftigen Überreizung kann es sein, dass hochsensible Kinder plötzlich geradezu „explodieren", d. h. sie werden plötzlich ausfallend, laut, rüpelhaft, weil sie nicht mehr wissen, wie sie mit all den Reizen, die sie umgeben, umgehen sollen.
- Durch eine besonders große Sensibilität gegenüber den inneren Regungen/Emotionen anderer Kinder/Erwachsener können hochsensible Kinder oftmals schlecht mit Gruppenstimmungen umgehen. Leidet ein Kind unter irgendeinem Faktor, leidet das hochsensible Kind mit; ist die Gruppe überdreht, kann es passieren, dass das hochsensible Kind unter den überspringenden Emotionen plötzlich unvorhersehbare Ausbrüche zeigt (Weinen, Wutanfälle, Weglaufen ...).
- Oft sind hochsensible Kinder auch allgemein sensibler, sie neigen dazu, Worten viel mehr Gewicht zuzuschreiben, als der Empfänger beabsichtigt hat, und können sich leichter in übermäßigen Kummer hineinsteigern.
- Ungerechtigkeit schmerzt viele hochsensible Kinder tatsächlich körperlich.
- Ein großer innerer Perfektionismus führt bei manchen hochsensiblen Kindern zu Frust und schnellerem Resignieren, wenn etwas nicht schnell umgesetzt werden kann.

Aus: Mondstein, Wallow „Alle Antennen auf Empfang", humboldt 2018, ISBN 978-3-86910-641-0

Informationen für Lehrer von hochsensiblen Kindern

Was ist Hochsensibilität?

Hochsensible Menschen haben entscheidend feinere Antennen für die Reize ihrer Umgebung als andere Menschen. Das bedeutet, dass sie ständig wesentlich mehr Informationen ungefiltert empfangen und dann auch verarbeiten müssen. Das führt dazu, dass hochsensible Menschen schneller überreizt sind und sich öfter auf irgendeine Art zurückziehen, um sich zu regenerieren.

Ist Hochsensibilität eine Krankheit/Störung?

Nein. Hochsensibilität ist keine Krankheit, es gibt auch keine ICD-Kennzeichnung für sie. Wenn man es einordnen möchte, dann trifft es Begabung eher. Eine Begabung, die allerdings manchmal sehr anstrengend und belastend für die Betroffenen und deren Umfeld ist.

Wie soll ich mich als Lehrer verhalten, wenn ein hochsensibles Kind besondere Reaktionen zeigt?

Zunächst ist wichtig, dem Verhalten nicht eine Art von Hysterie oder Schauspielerei zuzuschreiben. Im Idealfall geben Sie dem Kind die Möglichkeit, sich zurückzuziehen, um die Überreizung zu verarbeiten.

Bei ausfallenden Reaktionen sollten Sie ruhig bleiben und dem Kind auch hier die Möglichkeit geben, sich zurückzuziehen, um aus der Spirale der Überreizung herauszukommen. Notieren Sie gegebenenfalls Situationen, in denen der Schüler/die Schülerin sich auffällig verhält, um gemeinsam mit den Eltern den Grund und eine Lösung zu finden (siehe unsere Kopiervorlage dazu).

Natürlich muss auch ein hochsensibles Kind lernen, dass gewisse Arten von Ausflippen nicht erlaubt sind: Hauen, Beißen und zerstörerische Kräfte müssen umgelenkt werden.

Rituale und Regeln sind vielen hochsensiblen Kindern extrem wichtig, sie geben ihnen Sicherheit und Stabilität im Alltag.

Hochsensible Kinder zeigen in der Tat manchmal Verhaltensweisen, die Erwachsene zunächst irritieren, vor allem dann, wenn sie eine Verantwortung gegenüber dem Kind tragen.

Aus: Mondstein, Wallow „Alle Antennen auf Empfang", humboldt 2018, ISBN 978-3-86910-641-0

Mögliche Verhaltensweisen eines hochsensiblen Kindes in der Schule

- Plötzliches Zurückziehen des Kindes aus der Gruppe (muss auffallend häufig zur Toilette)
- Regungsloses Herumstehen/-sitzen und Sprachlosigkeit, vor allem wenn eine neue Situation eintritt (wird oft mit Apathie verglichen, ist aber keinesfalls damit gleichzusetzen)
- Extreme Abwehrreaktionen auf Spiele/Materialien/Musik/Menschen, die auf den ersten Blick nicht erklärbar scheinen
- Bei einer zu heftigen Überreizung kann es sein, dass hochsensible Kinder plötzlich geradezu „explodieren", d. h. sie werden plötzlich ausfallend, laut, rüpelhaft, weil sie nicht mehr wissen, wie sie mit all den Reizen, die sie umgeben, umgehen sollen.
- Durch eine besonders große Sensibilität gegenüber den inneren Regungen/Emotionen anderer Kinder/Erwachsener können hochsensible Kinder oftmals schlecht mit Gruppenstimmungen umgehen. Leidet ein Kind unter irgendeinem Faktor, leidet das hochsensible Kind mit; ist die Gruppe überdreht, kann es passieren, dass das hochsensible Kind unter den überspringenden Emotionen plötzlich unvorhersehbare Ausbrüche zeigt (Weinen, Wutanfälle, Weglaufen ...).
- Oft sind hochsensible Kinder auch allgemein sensibler, sie neigen dazu, Worten viel mehr Gewicht zuzuschreiben, als der Empfänger beabsichtigt hat, und können sich leichter in übermäßigen Kummer hineinsteigern.
- Ungerechtigkeit schmerzt viele hochsensible Kinder tatsächlich körperlich.
- Ein großer innerer Perfektionismus führt bei manchen hochsensiblen Kindern zu Frust und schnellerem Resignieren, wenn etwas nicht schnell umgesetzt werden kann.

Aus: Mondstein, Wallow „Alle Antennen auf Empfang", humboldt 2018, ISBN 978-3-86910-641-0

Tabelle für Eltern und Pädagogen – Auffällige Situationen festhalten

Datum, Uhrzeit	Ort und Art von Unterricht/Thema	Anzahl der Kinder	Verhalten des hochsensiblen Kindes	Lärm?	Auffällige Emotionen anderer Schüler	Verdacht auf Mobbing?

Aus: Mondstein, Wallow „Alle Antennen auf Empfang", humboldt 2018, ISBN 978-3-86910-641-0

Aus: Mondstein, Wallow „Alle Antennen auf Empfang", humboldt 2018, ISBN 978-3-86910-641-0

Aus: Mondstein, Wallow „Alle Antennen auf Empfang", humboldt 2018, ISBN 978-3-86910-641-0

Test: Ist mein Kind hochsensibel?

Es gibt einige sehr verbreitete Tests, die schon längere Zeit bestehen. Allerdings handelt es sich dabei fast ausschließlich um „Selbsteinschätzungstests“.
Wir haben uns eine neue Strategie überlegt, die dabei hilft, herauszufinden, ob beim eigenen Kind Hochsensibilität ein Thema ist. Das Wort „vorliegen“ meiden wir bewusst, da es sich unserer Überzeugung nach nicht um eine Störung oder Krankheit handelt.

Dein Kind

- Mein Kind redet von Schmerzen, die aus Elternsicht Kleinigkeiten betreffen bzw. irrelevant erscheinen.
- Mein Kind konnte schon vor der Grundschule schreiben, lesen oder rechnen.
- Nachdem mein Kind sich nun in den Kindergarten eingewöhnt hat, ist es noch immer sehr müde, wenn es nach Hause kommt.
- Mein Kind kommt mir und anderen manchmal apathisch vor, vor allem, wenn es einen Raum betritt.
- Mein Kind zieht sich häufig zurück, wenn es in einer Gruppe plötzlich laut wird.
- Mein Kind äußert, dass es Gefühle von anderen körperlich spüren kann.
- Wenn wir gemeinsam in großen Menschenansammlungen unterwegs sind, fängt mein Kind bald an, sich unwohl zu fühlen und beginnt zu weinen, zu schreien oder wirft sich einfach auf den Boden.
- Mein Kind hält sich schon fast zwanghaft an Regeln und kann es nicht ertragen, wenn andere sie brechen.
- Mein Baby schreit bzw. schrie als Baby extrem viel.
- Mein Kind bekommt immer wieder Hautauschläge, die manchmal genauso schnell verschwinden, wie sie gekommen sind.

- Wenn andere Kinder (oder Erwachsene) sich streiten, zieht sich mein Kind zurück oder schreit oder tobt herum.
- Mein Kind rastet regelmäßig geradezu aus und weint, schreit und/oder tobt.
- Mein Kind bleibt mehr für sich allein. Es ist einfach mehr ein Eigenbrötler.
- Mein Kind mag keinen Schmutz an den Händen, an den Füßen oder Beinen.
- Manchmal habe ich den Eindruck, es sieht durch mich hindurch. Sein Blick wirkt so leer.
- Mein Kind fängt an zu weinen und/oder zu schreien, wenn es starken Wind im Gesicht spürt.
- Mein Kind hält es nicht draußen aus, wenn es regnet oder schneit.
- Wenn Dinge nicht genau „am richtigen Platz stehen", ist mein Kind so lange unruhig, bis es korrigiert wird/ist.
- Mein Kind ist eher vorsichtig und langsamer beim Erkunden und Probieren von neuen Herausforderungen, wie etwa Spielgeräten auf dem Spielplatz. Es geht diese Herausforderungen in seinem eigenen Tempo an.
- Es reagiert eher auf verständnisvolle und ruhige „Zurechtweisungen" als auf strenge.

Hattest du schon einmal ähnliche Gedanken?

- „Mann, ist mein Kind eine Mimose!"
- „Himmel, woher weiß er/sie das?"
- „Wieso spielen alle Kinder, nur meines steht da wie angewurzelt herum?"
- „Hey, es ist nur Sand/Dreck/Wasser, warum machst du deswegen so ein Theater?"
- „Seit wann tut ein Handschuh/eine Socke/der Hosenbund weh oder juckt?!"

- „Wer ist hier gerade der Erwachsene – ich oder sie/er?“
- „Nein, du sagst jetzt nicht, was die Oma gerade denkt!“
- „Bitte, bitte, halte wenigstens den ersten Teil des Filmes aus, in der Pause können wir gerne aus dem Saal gehen ...“
- „Mein Kind und Freizeitpark?“
- „Ich glaube, dass mein Kind auf einer Klassenreise Probleme bekommt, da es sich nicht abschotten kann.“
- „Was koche ich nur, damit mein Kind auch mal wieder mitisst?“
- „Kann mal jemand mein Kind aus der Traumwelt holen?“

Auswertung des Tests

Findest du dein Kind in **einer oder mehrerer dieser Situationen** wieder? Dann hast du sehr wahrscheinlich ein Kind, welches in einem Bereich hochsensibel ist. Je mehr Situationen dir bekannt vorkommen, desto größer ist das Feld der ausgeprägten Sensibilität.

Wenn du den Test machst, um dein Kind auf Hochsensibilität zu überprüfen, weil es die Diagnose „ADS/ADHS“ nach einem Test bei einem Psychologen erhielt, lies im Kapitel über „Hochsensibilität und ADS/ADHS“ die entscheidenden Unterschiede nach. Bedenke dabei, dass auch hochsensible Kinder eine Aufmerksamkeitsstörung haben können, die organisch bedingt ist.

Bist du dir nicht sicher, ob dein Kind nun wirklich hochsensibel ist, lies einfach ein paar Erfahrungsberichte in diesem Buch. Vielleicht erkennst du dein Kind und auch deine eigenen Gedanken in ihnen wieder. Und wir hoffen, euch dann mit unseren Lösungsvorschlägen helfen zu können.

Je mehr Strategien euer Kind bereits als Kind lernt, um mit seiner Hochsensibilität im Alltag zurechtzukommen, umso leichter wird es später als Erwachsener klarkommen.

DANKSAGUNG

Zu einem Buch gehört weitaus mehr als „schreibende Autoren“. Deswegen möchten wir hier unseren Dank an einige besondere Menschen aussprechen:

An erster Stelle unserer Lektorin Ulla Nedebock für ihre sympathische und immer geduldige Unterstützung. Die Zusammenarbeit war sehr entspannt und konstruktiv. Ulla war auch diejenige, die uns im Herbst 2017 anrief und fragte, ob wir das Buch zusammen mit dem humboldt-Verlag schreiben wollen. Das zunächst unrealistisch empfundene Glücksgefühl nach diesem Telefonat werden wir nie vergessen!

Wir danken ebenso Mark Wachsmann, dem Programmleiter im Verlag, für viele kreative Freiheiten und das Vertrauen in uns.

Rena Potthast (Rundfux Verlag) verdanken wir die weltbesten Illustrationen, mit denen dieses Buch den perfekten Feinschliff bekommen hat.

Danke auch an die Unterstützung durch „unsere“ Community auf Facebook, die uns mit ihren Schilderungen von typischen Situationen im Alltag mit hochsensiblen Kindern viel Inspiration gab.

Unser ganz besonderer Dank gilt Viktoria. Sie ist mit ihrer Hochsensibilität unser „Forschungsobjekt“. Außerdem musste sie uns Eltern in der Zeit des Schreibens mental oft entbehren. Gerade die letzten drei Wochen vor der Abgabe des Manuskriptes sah sie uns eigentlich fast ausschließlich mit einem Laptop vor unserem Gesicht.

Nicht zuletzt aber danken wir dem Universum dafür, dass es so leicht war, gemeinsam dieses Buch zu schreiben. Im Gegensatz zu unseren Erwartungen sind weder die Fetzen geflogen, noch gab es an irgendeinem Punkt Meinungsverschiedenheiten.

Die Arbeit war „leicht und angenehm“, von Miras kurioser Zeitplanung mal abgesehen.

Devas Dank gilt zudem seinen Ausbildern der Ganzheitlichen Integrativen Atemtherapie, Tilke Plattel-Deur, Heidi Stein und Hans Mensink. Ohne sie hätte er dieses Verständnis für – insbesondere hochsensible – Kinder nicht erlangt und nicht so liebevoll mit Eltern und Kindern therapeutisch arbeiten können.

Nun wollen wir zu guter Letzt allen unseren tatkräftigen Umzugshelfern danken. Ohne sie hätten wir es Anfang des Jahres 2018 nicht geschafft, dieses Buch rechtzeitig fertigzustellen und gleichzeitig den riesigen Umzug zu bewältigen.

REGISTER

Bibliografische Information der Deutschen Nationalbibliothek
Die Deutsche Nationalbibliothek verzeichnet diese Publikation in der Deutschen Nationalbibliografie; detaillierte bibliografische Daten sind im Internet über http://dnb.ddb.de abrufbar.

ISBN 978-3-86910-641-0 (Print)
ISBN 978-3-86910-659-5 (PDF)
ISBN 978-3-86910-660-1 (EPUB)

Die Autoren:
Mira Mondstein ist mit ihrem gleichnamigen Blog zum heimlichen Star für Eltern von hochsensiblen Kindern geworden.
Deva Wallow ist Familien- und Paartherapeut und weiß aufgrund seiner Beratungserfahrung mit sensiblen Kindern und Eltern, welche Erziehungstipps im Alltag besonders gut funktionieren.
Zusammen gründeten sie 2015 das familymag.net – hier bloggen sie zu Themen, die Familien bewegen. Als Veranstalter der Bloggerkonferenz #westfam sorgen sie dafür, dass sich Blogger rund um die Themen Familie und Erziehung besser vernetzen, und haben 2018 den längsten Brief der Welt für die Verbesserung der Geburtshilfe in Deutschland initiiert.

Originalausgabe

Eine Marke der Schlüterschen Verlagsgesellschaft mbH & Co. KG,
Hans-Böckler-Allee 7, 30173 Hannover
www.schluetersche.de
www.humboldt.de

Lektorat: Ulla Nedebock, Wezembeek-Oppem
Covergestaltung: semper smile Werbeagentur GmbH, München
Covermotiv: Getty Images/sesameellis; shutterstock/secondcorner, Wiktoria Matynia, lassedesignen, Angelina De Sol, Luria, Flas100, Drawlab19, Yoko Design
Innengestaltung: Sehfeld, Hamburg
Satz: PER Medien & Marketing GmbH, Braunschweig
Druck: gutenberg beuys feindruckerei GmbH, Langenhagen